# CHAPO BA
## pou
# MARECHAL MIMI
## ak
## ti JAN

François NAU

**Piblikasyon ak Aranjman paj liv la:**
JEBCA Editions
Se yon divizyon JEBCA Ministries, Inc.
jebcaeditions@gmail.com / Info@jebcaeditions.org
www.jebcaeditions.org

**Editè:**
**Jacques Pierre**
Lecturer in Haitian Creole and Creole Studies
Co-Director of Haiti Lab, Duke University

**Po liv la:**
Shay Culligan

**Foto so do liv la:**
François Nau

© **2015 (François Nau)**

**Depo legal:** 2yèm trimès 2015
**Bibliyotèk Nasyonal d Ayiti**

**ISBN 10: 1-68084-008-8**
**ISBN 13: 978-1-68084-008-7**

**Dezyèm Edisyon**

**15 16 17 18 JEBCA 10 9 8 7 6 5 4 3 2 1**

**Enprime nan peyi Etazini**

## MÈSI

Mwen ap di Marechal Mimi mèsi pou moun li fè mwen ye jodi a. Mimi pa sèlman yon manman; men, li se yon modèl pou mwen tou. Mwen ap di frè ak sè mwen yo yon gwo mèsi pou respè ak lanmou mwen konnen yo genyen pou Marechal la.

Mwen ap di pwofesè *Jacques Pierre (Duke University)* yon gwo mèsi paske li te aksepte edite liv sa a. Se gras a li-menm tout lide yo ka parèt klè tankou dlo kokoye. Mwen ta renmen di *Godfroy Boursiquot* (Gody) mèsi pou tout bon jan lide ak kout men li ban mwen nan ekri liv sa a. Mwen ta renmen di *Denizé Lauture* ak *Jeanie Bogart* mèsi pou tout sa yo fè pou ede literati lakay vanse. Epi, yon gwo kout chapo espesyal pou *Lyncée Mitchell* ak *Roosevelt Desronvilles* pou tout sipò yo ban mwen.

Si pou mwen ta site non tout moun ki merite rekonesans mwen, mwen pa te ap janm fin ekri liv sa a. Souple, ban mwen yon ti chans pou mwen di madan ti Wobè Pyè, Napeli, Polin, Lerisò, madan Tisèn, Jira, Ivon Frank, Dèdèt,

Louloun, Klod Plonkè, Naviyis Leo, madan Andre, madan Feliks Bousiko, Eli Ogisten, madan Pyè Frederik, koun Andre ak Senmak, yon kokennchenn mèsi pou tout sa yo te fè pou mwen. Pou tout lòt moun mwen pa site non yo, mwen ta renmen fè yo konnen yo nan kè mwen.

Pou mwen fini, mwen pa ka pa di Dit (madanm mwen), Jo, Kris, ak Bèl (timoun mwen yo), yon gwo mèsi pou tout ankourajman yo te ban mwen nan moman mwen te ap ekri liv sa a.

## DE TI MO SOUPLE

Mwen espere istwa sa a pa ofanse okenn moun osnon enstitisyon. Si sa ta rive, mwen vle ban nou asirans se pa te entansyon mwen. Gen anpil moun ki ka idantifye tèt yo nan istwa sa a, menm lè mwen pa site non yo; apre esperyans mwen ka te fè ak yo lekòl, nan travay osnon nan lavi. Analiz mwen fè yo chita sou yon sistèm, mwen pa jije karaktè pyès moun osnon enstitisyon. Pifò nan remak mwen yo konsène eta yon sistèm ak sa mwen te konprann nan yon laj. Soti nan peryòd sa yo pou rive kounye a, gen anpil chanjman ki ka gentan fèt nan moun sa yo, sistèm nan ak nan sosyete a. Chanjman sa yo pa efase esperyans nou te fè, ni sa ki nan memwa nou. Pawòl la di : kreyon istwa pa gen gòm.

Nan istwa sa a, gen anpil enfòmasyon istorik sou Lavale Jakmèl. Mwen pran enfòmasyon sa yo nan yon liv pè *Léon Bonnaud*, ki se fondatè pawas Lavale a, te ekri. Liv sa a rele **L'Apostolat en Haïti, Journal d'un Missionnaire** *(Imprimerie des Apprentis-Orphelins de Saint Michel, par Langonet, Mordihan, 1938).*

## TEMWAYAY KÈK LEKTÈ

**Chapo ba pou Marechal Mimi ak ti Jan** se yon otobiyografi ki reponn egzakteman a deskripsyon otè *Philippe Le Jeune* bay nan yon liv li ekri: *L'autobiographie en France.* Liv sa a pèmèt mwen reyalize esperyans yon moun, nan anpil ka, kapab se esperyans tout moun ki yon moman osnon yon lòt te twouve yo nan menm sitiyasyon an kèlkilanswa kote yo ap viv sou tè a. Ekriven matinikè *Joseph Zobel* ki ekri *Rue Case-Nègres* ak ekriven kamewounè *Bassek Ba Kobio* ki ekri *Sango Malo, le maître Canton* te ap rekonèt tèt yo san pwoblèm nan liv sa a ki poutan san pou san ayisyen. Kanta pou mwen-menm ki soti nan menm zòn ak François Nau (ti Jan), byenke nou pa nan menm jenerasyon, liv li a tèlman fè enpak sou mwen, mwen panse si mwen te ap ekri biyografi mwen, li te ka panse se kopye mwen kopye sou li, tèlman lavi nou sanble. Nou soti nan menm zòn, nou se pitit peyizan, nou te ale nan menm lekòl, nou te mache sou menm wout, nou te chita sou menm ban, nou menm te genyen menm pwofesè nan lekòl kay frè a Ridore osnon nan lekòl dwa. Youn nan trezò nou te pataje ki genyen plis enpòtans pou nou toulede se jan manman nou te angaje nan edikasyon nou, pannan papa nou te ap jwe wòl pa yo nan kay la.

Li nòmal nan yon sans pou lavi nou ta sanble konsa, paske ti Jan enfòme mwen anpil nan sakrifis manman mwen te konn fè pou bay pitit li edikasyon te motive anpil lòt manman nan zòn nan, youn ladan yo pa lòt ke Marechal Mimi. Li ale pi lwen pou li di mwen, depi li te tou piti manman li te toujou ankouraje li swiv mwen kòm modèl li. Se yon travay ki difisil anpil Marechal Mimi te bay ti Jan, paske li pa janm te ap gen chans wè mwen, alewè pou li ta swiv tras mwen. Malgre sa, ti Jan di mwen menm lè nou pa te kontre; sa pa te anpeche li konsidere mwen kòm gid lavi li nan sa li te konn tande lòt moun ap di sou mwen. Chemen nou te apral kwaze nan ane 2009 nan angajman nou toulede genyen nan devlopman kominote nou. Nou gen chans rankontre epi pale youn ak lòt sou istwa lavi nou ki ekri nan liv sa a.

Travay François Nau ap fè nan kominote Lavale Jakmèl, enpak li genyen sou lajenès fè mwen fyè anpil; sitou lè mwen tande se mwen li ap swiv. Lè mwen obsève travay moun ki ap swiv mwen an reyalize, ta sanble apranti a depase bòs la. Egzanp sa a se prèv kominote nou an ap pwogrese. Tout kote ki genyen pwogrè; nou konnen genyen espwa pou yon demen miyò.

Sa ki enpòtan ankò, sè ke chaje nouvo Marechal Mimi ak ti Jan ki ap boujonnen Lavale Jakmèl, toupatou nan peyi Ayiti pou mwen pa di sou tout tè a. Si nou ta swiv dewoulman istwa a, li pa ap pran tan pou nou reyalize, liv sa a se yon zouti enspirasyon ki ka sèvi pou konvenk anpil lòt moun si ta gen bezwen pou sa, paske li montre aklè kokennchenn wòl manman jwe nan edikasyon pitit nan anpil sosyete kote lamizè ap taye banda. Li montre tou kèlkilanswa kantite difikilte ak pikan kwenna ki ta kouche antravè sou wout medam sa yo, konviksyon ak detèminasyon yo ap toujou ba yo laviktwa.

Devan tout jèfò ki ap fèt, sitou nan edikasyon, sèl sa ki rete pou mwen fè, se voye yon gwo kout chapo ankourajman alawonnbadè pou tout **Marechal Mimi** ak tout **ti Jan** ki ap goumen jounen jodi a pou chanje figi sosyete nou an.

**Jean Robert Gabriel**
*Ansyen elèv Lekòl Frè Enstriksyon Kretyèn Léonce Mégie, Lavale Jakmèl (pwomosyon 1968)*

◆◆◆

"**Chapo ba pou Marechal Mimi ak ti Jan**" se selebrasyon yon kout je sou lavi anpil timoun pou nou pa di tout timoun tankou ti Jan, ti Mafi, Kèkèt, ti Pyè ak ti Mal ki te oblije kite lakay paran yo pou ale bouske moso edikasyon nan yon lekòl ki byen lwen. Anpil timoun te konn oblije kite kay yo pou ale fè ladesant kay yon zanmi paran yo, yon fanmi osnon tou senpleman kay yon etranje. Moun sa yo ki te konn resevwa timoun sa yo se te Bon Samariten.

Paran yo, nan lanmou yo genyen ansanm ak devwa pou wè pitit yo leve vin yon moun tout bon nan sosyete a demen pa gen sakrifis yo pa te aksepte fè pou pitit yo. Okenn paran epòk la osnon jodi a pa swete wè pitit yo ap pèdi tan, ale chèche dlo, bay bèt manje ap kouri monte nan savann nan san yo pa ale lekòl. Se te toujou rèv yo pou pitit yo ale lekòl, pou demen yo ka leve yo atè a, paske pwovèb la di "bourik fè pitit, se pou do li ka poze yon jou". Souvan separasyon timoun sa yo ak paran yo konn rive fè yo pèdi sa nou rele "lanmou ak afeksyon paran" menm jan pwovèb la di "lè ou pa genyen manman ou tete grann" osnon "fòk ou bouche nen ou pou ka bwè dlo santi". Pawòl pale, pawòl konprann.

Se yon istwa reyèl ki touche lavi pa mwen, se yon pakèt temwayay pèsonèl sou esperyans lè mwen te gen laj timoun menm jan ak ti Jan. Mwen te kite Benè/Bejen lè mwen te gen 4 an edmi pou mwen te ka vin lekòl kay frè yo Ridore menm jan ak ti Jan. Nou pase 8 ane ap resevwa edikasyon primè ansanm. Apre sa nou chak pran yon direksyon nan lavi. Nou vin rekonnekte ankò pita, epi nou rekòmanse pale sou esperyans nou.

Otè a te siyen yon kopi liv sa a voye lakay mwen pa lapòs, li te adrese li a papa mwen *Guivarch Fieffe* ki te malad ap chahe swen nan lopital *Howard University Hospital* , *Washington DC* ak nan *John Hopkins, Baltimore, MD*. Mwen sonje kou jounen jodi a bèl souri ki te nan vizaj li lè mwen remèt li liv sa a ti Jan te voye pou li. Misye pa te pran twòp tan pou li te mande linèt li pou li te fè de twa bon kout pòpyè malgre li te ap soufri anpil. Apre li fin li liv la, li te genyen fèm konviksyon, liv sa a se lavi pitit li yo otè a ekri. Malgre mwen te esplike li ki moun ti Jan ye, li admèt e li kwè tou, eprèv ak esperyans Marechal

Mimi ak ti Jan se menm ak pa frè Tipè ak pitit gason li Timo. Ochan pou ou papa apre gwo batay ou mennen kont maladi kansè, ou ale kite nou; men zèv ou ap kontinye.

Nan liv sa a, lektè yo ap jwenn anpil enspirasyon ki ka pèmèt yo rekonnekte ak reyalite ki te an fas timoun lekòl epòk ti Jan an ak epòk anvan yo. Mwen rekòmande liv sa a bay tout moun ki vle pran konsyans sou jan lavi yo ka te ye, yon epòk, anvan yo te vin gwo chabrak.

Nan non elèv pwomosyon 1982 kay frè *Léonce Mégie* yo (Lavale Jakmèl), mwen ap di se ak anpil onè ak respè mwen ap remèsye *François Nau* pou bèl zèv sa a li pataje ak nou. Mwen swete anpil enstitisyon va mete li nan bibliyotèk yo pou timoun ak pwofesè alèkile ak demen yo ka konnen ak konprann ki jan sa te ye yè, ki jan sa ye jodi a ak ki jan sa ka ye demen.

**Molver Fieffé**
*Ansyen elèv Lekòl Frè Enstriksyon Kretyèn Léonce Mégie, Lavale Jakmèl (pwomosyon 1982)*

## ENTWODIKSYON

Ti Jan ap prezante nou liv sa a ki genyen anpil valè santimantal pou li, e ki se nannan moun li ye jodi a. Se pa sèlman istwa lavi ti gason ki rele ti Jan an ki kouche nan liv sa a; men, se istwa mizè, traka ak difikilte yon dividal timoun ki menm jan avèk li. Timoun sa yo, nou jwenn yo sou tout kontinan depi kote solèy la leve rive jouk kote li kouche a.

Anpil fwa, yo pran chemen pye atè, anba solèy ak van, anba lapli, nan labou, epi sou gran wout byen lwen ki chaje ak pikan kwenna pou yo ale dèyè moso edikasyon.

Se istwa anpil manman tou, ki menm jan ak Marechal Mimi sakrifye tèt yo jouk nan zo, nan travay tè, nan pote bak, nan kwoke dèyè kamyon gwo lannuit tankou madan sara, nan goumen ak lougawou ak malfèktè sou gran chemen. Yo bay tout lavi yo nan fè levasyon pitit. Tout lespwa medam sa yo, se pou yon jou kon jodi a fanmi yo va jwenn yon lavi miyò. Se yon chans yo pa te genyen yo-menm, ni yo pa te wè nan rèv. Pifò ladan yo pa konnen «a» nan fèy malanga; men, yo kwè kle pwogrè ak devlopman chita nan edikasyon.

Anpil nan timoun sa yo, lè yo vin gwo chabrak ki ka li nan gwo liv ak ti linèt won nan je yo, refize vire tèt gade dèyè. Anpil ladan yo, se paske yo egoyis, epitou yo pa vle mare lonbrik yo ak move souvni ki raple yo lamizè. Genyen se pè yo pè pou malfèktè pye sal ki ap koupe zòrèy bourik nan savann pa detounen yo. Gen lòt ki fin monte pewon lasosyete, yo pa vle moun ki ap gade yo konnen kilès yo ye ak ki kote yo soti. Sa fè, yo pa ede kominote lakay yo devlope, ni yo pa lonje men bay jenn moun yo tou pou evite yo tonbe anba men zago loray yo.

Nan koutim nou, mizè ak fyète pa fasil mare asosye. Tout fyète ti Jan se pataje move lavi li te viv lè li te piti, pou kapab di manman tankou Marechal Mimi ak timoun tankou ti Jan yo pou yo pa dekouraje. Li pa jennen, ni li pa pè di ki kote li soti ak move lavi manman li te konnen lè li te ap fè levasyon li.

Ti Jan ta renmen kraze baryè ki anpeche peyizan ak sila yo ki genyen moso edikasyon kontre men yo ansanm pou rekonstwi peyi a.

Nan liv sa a, ti Jan ta renmen prezante nou fanm ki pi vanyan sou tè a, li rele Marechal Mimi. Li pa te konnen ni li, ni ekri. Fanm sa a pa te jennen mete soulye po patat nan pye timoun li yo pou fè yo monte pewon lasosyete.
 Ti Jan swete liv sa a: (Chapo ba pou Marechal Mimi ak ti Jan) se vwa tout lòt  ti Jan ki ta renmen pale; men, ki pa gen kran ak lavwa ochapit. Nan liv sa a, ti Jan ta renmen voye yon gwo kout chapo pou Marechal Mimi ak pou tout lòt Marechal ki toupatou sou latè pou sakrifis yo ap fè pou bay pitit yo edikasyon ak levasyon. Ti Jan mete vwa li ak vwa tout ti Pòl, ti Mari, ti Jo ki ap chache limyè edikasyon, pou di tout pwofesè lekòl, tout moun, tout enstitisyon ki ap travay nan devlopman timoun, yon gwo mèsi.

## POU TOUT TIMOUN

Anpil moun ap goumen nan lavi pou yon pakèt bagay. Gen sila yo ki ap goumen pou yo ka genyen anpil lajan, bèl kay ak bèl machin. Genyen tou ki ap goumen pou bèl repitasyon ak bèl edikasyon. Pi souvan se tèt yo sèlman yo wè; yo pa ede moun nan kominote kote yo soti. Sa lakòz timoun ki ap leve nan kèk kominote pa genyen bon egzanp devan je yo pou yo swiv. Yo pa jwenn ankourajman pou fè sa ki bon. Lè konsa, yo lage nan bwè tafya, fimen, pran dwòg, jwe aza ak nan tout sa ki pa bon. Apre sa, yo tounen gwo pwoblèm pou moun nan zòn kote yo ap viv la. Se sila yo ki pi gran ki dwe trase chemen pou ti pi piti yo. Sa pa vle di pa ap gen vakabon. Yon grenn senk ap toujou rete yon grenn senk; men, li dwe gen limit li.

Ti Jan bò kote pa li, pa genyen lajan, bèl kay, ni gwo edikasyon; men, li genyen yon kè ki ap panse ki jan li ka chanje lavi, lavi moun, lavi timoun sou tout tè a. Yon moun kapab genyen anpil lajan ak anpil byen. Yon lòt ka genyen gwo edikasyon. Li bon pou nou genyen tout sa nou kapab posede. Men, li bon tou pou nou ede peyi nou vanse lè nou kapab, paske pa genyen sosyete san nou. Tout moun gen obligasyon pou bay patisipasyon yo pou fè kote kòd lonbrik yo mare a vin pi bèl. An nou itilize sa nou ye pou nou konstwi yon sosyete ki djanm.

Anpil byen ak konesans ka sèvi nou; men, yo genyen plis valè toujou lè yo ka sèvi kominote, espesyalman timoun. Se lave men siye atè, si ak tout sa nou genyen, nou pa ka fè yon timoun ri pou yon moman. Nou tout pa ka wè bagay yo menm jan, ni nou pa blije fè menm aktivite pou nou ede. Chak moun ka pote kole nan devlòpman zòn lakay yo fason yo kapab.

Tout moun ap goumen pou yo reyisi nan lavi a; men, reyisit la chita sou reyalizasyon chak grenn moun. Difikilte ak reyalite lavi yon moun pa menm ak pa yon lòt. Anpil moun di yo reyisi nan lavi lè yo posede anpil kòb, anpil byen, bèl repitasyon nan je lòt moun, epi lè moun ap fè yo konpliman san rete. Pa gen pwoblèm ak sa; men, gen anpil moun tankou ti Jan ki pa wè sa konsa. Pou li-menm, yon moun reyisi nan lavi a dapre pwogrè li fè pa rapò ak kote li soti ak ki enpak li fè sou moun, espesyalman sou timoun.

Pou nou konstwi yon demen miyò, se sou timoun yo pou nou konte.

Menm lè lavi a te di pou ti Jan lè li te timoun; li vin yon bon sitwayen jodi a. Si ti Jan ka reyisi, gen lespwa pou nou-menm tou pou nou ka vin bon sitwayen demen.

Nan liv sa a, nou pral wè ki jan dètèminasyon fanm vanyan ki rele Marechal Mimi an, epi kouraj ak fòs karaktè ti Jan pral ede li jwenn plas li nan sosyete a.

## TI JAN, SE PITIT KI MOUN?

Ti Jan se premye pitit gason Marechal Mimi ak Blan. Poukisa dapre nou-menm, yo te rele papa ti Jan, Blan? Moun rele li Blan paske po li jòn. Nan peyi Ayiti, depi yon moun genyen po jòn, yo ba li pote non Blan. Poutèt sa, tout moun nan zòn nan rele papa ti Jan, Blan. Li fèt epi li grandi nan zòn Basen-Ble, kote fanmi li abite jouk jounen jodi a. Lè li te jenn gason, li te yon bon jennjan tankou nou di sa nan langaj nou. Anpil jenn fi zòn nan te ap fè laviwonndede dèyè li nan lakou kay manman ak papa li. Men, Blan te renmen mache chache paske lavi a te bèl pou li. Se konsa, li te ale tonbe nan vil Jakmèl. Nan pwonmennen nan vil la, li kontre ak Marechal Mimi. Se tankou se yon loray ki te fann kè Blan jou je li te tonbe sou bèl gengenn kreyòl sa a. Sa ka ban nou yon lide sou ki kalite jennjan Blan te ye. Yon nèg mòn ki desann lavil ale file fi. Se pa jwèt non!

Blan ak Mimi vin de zanmoure. Blan te bay Mimi yon ti non gate ki se te Mich. Nou-menm, nou rele Mich, Marechal Mimi nan istwa sa a. Yo se de jenn anmorèz ki te rankontre nan vil

Jakmèl nan ane 1967-1968 yo. Marechal Mimi soti sou bò kote solèy leve sou vil Jakmèl la, Kay Jakmèl. Blan li-menm, li soti sou bò kote solèy kouche sou vil Jakmèl la, Lavale Jakmèl. Blan mennen Mimi vin viv Lavale Jakmèl. Se la yo tabli fanmi yo nan mwa fevriye 1969. Yo marye, epi yo kòmanse fè bèl bagay. Papa Bondje te apral beni maryaj yo ak yon pitit gason (ti Jan) nan menm ane sila a. Se yon benediksyon ki te apral dire 21 an, gras ak lanmou de moun sa yo te genyen youn pou lòt. Yo fè dis pitit, senk gason ak senk fi. Ti Jan se te sèlman premye may nan gwo chenn sa a.

Blan, se te yon gwo travayè latè, yon peyizan, yon potomitan nan zòn lakay li. Mimi, se yon fanm vanyan ki eklere, epi yon fanm ki konnen sa ki bon. Anba lavi di, yo goumen pou fè edikasyon timoun yo. Avèk gras Bondje, pifò nan pitit li yo fin fè etid segondè ak inivèsite. Dapre tradisyon zòn nan, Marechal Mimi ak Blan ranpòte lamayòl. Jouk kounye a, nou ka konte sou dwèt men nou kantite moun nan zòn nan ki genyen pitit yo nan inivèsite. Men, tout sa te kòmanse ak yon gwo rèv Marechal Mimi te genyen pou fanmi li.

## SA TI JAN TE KONN FÈ LÈ LI TE TIMOUN

« Ti Jan », tankou pawòl la di: « tout gason se Jan, tout fanm se Mari ». Menm ti Jan pa konnen ki kote non sila a soti. Antouka, nan zòn bò lakay li, se non sa a tout moun te konnen. Istwa nou pral viv la a se istwa lavi ti Jan.

Pou kòmanse, ti Jan ta renmen di tout timoun ki ap li liv sa a, li pa te yon ti sen osnon yon ti Jezi nan po krab. Li te yon timoun menm jan ak yo. Li te dezòd, li te konn fè papa ak manman li pale anpil. Li te konn fè visye, pran 10 kòb, 20 kòb anba tapi tab la, menm jan ak tout timoun epòk li a. Li te konn mize nan wout lè li ale nan dlo menm lè sous la te tou pre lakay li.

Lè manman li voye li ale achte sik ak pen, se pi rèd. Ti Jan rete ap jwe ak ti zanmi li yo pandan Mimi ap tann li. Sou tout wout la, li konn gentan manje anndan vant yon pen ak kout zong. Kanta pou sik la menm,  li konn kase tèt pake a kòm si li panse manman li pa ap wè sa. Lè li rive lakay ak komisyon yo, Marechal Mimi pa te manke woule li anba baton. Manman ti Jan, se pa yon fanm ki te dou ak timoun.

Ti Jan te konn batay ak timoun parèy li, jwe mab, teke grenn bouton ak kòkmòl, bay manti, benyen nan basen dlo tout lajounen, manje kann, manje mayi boukannen ak zaboka, pipi nan kabann, elatriye... Alòs se pa nan kabann non, paske se sou nat ti Jan te konn dòmi. Sa fè jouk li gran, li renmen dòmi sou nat.

Ki sa timoun andeyò ka fè ti Jan pa te konn fè?

Men sa ti Jan te konn fè ankò, ale chache ti bwa, limen dife, boukannen patat, bay kochon manje, koupe manje bèt, ale bay chwal dlo, monte bourik, pran so bourik, mare kabrit nan jaden moun, monte pyebwa, kase zanmann.

Gen plis toujou, tankou tout timoun, ti Jan te pè lannuit, li te konn tate poul pou konn si li gen ze, manje mango, sere kachiman nan touf vetivè, fè kachkach liben sere liben, kouchkouch anba lalin, pile pitimi, fouye ti boujon patat, grennen mayi, fè kapris, ale nan dlo ak kalbas, epi jwe foutbòl.

Pou fini, ti Jan te konn grennen pwa kongo sou tout wout pou plen pòch pantalon li, pou li bouyi leswa. Li te toujou ap  chache gous pwa kongo ki genyen sèt grenn. Epitou, li te renmen lè gen siklòn, paske gen vyann bèt, kokoye ak zaboka pou piyay.

Men, ti Jan pa te janm manke grandèt dega. Avèk Marechal Mimi, li pa te ap pran chans sa a. Tout granmoun nan zòn nan te genyen lisans pou kale ti Jan, si yo jwenn li ap fè sa ki pa sa. Manman ti Jan, alòs Marechal Mimi rele tout sa ki pa sa « koupe zorèy bourik nan savann ».

Ti Jan vle fè nou konnen, vrè diferans lan nan lavi li, se Marechal Mimi. Li te kanpe la sou pye militè li ak yon fwèt gwayav nan men li. Mimi te pase fwèt sa a anba sann dife cho pou li korije chak fot ti Jan te fè nan dikte lavi a. Kon sa, ti Jan pa te ka fè menm dezòd la de fwa, paske li te gentan konnen sa ki ap tann li. E sa rive kèk fwa ti Jan pran baton menm pou sa li pa fè. Tout sa, se te pou satisfè yon sèl grenn rèv Marechal Mimi te genyen, ki se pouse ti Jan pi devan. Rale ti chèz nou, chita pou nou swiv...

## RÈV MARECHAL MIMI POU FANMI LI

Rèv Mimi kòmanse lè ti Jan te gen senkan sou tèt li. Marechal la mete ti Jan devan pou li ale enskri li lekòl kay frè Ridore yo. Ridore se bouk ki te pi enpòtan nan Lavale Jakmèl yon epòk. Se la ki gen lekòl frè ak mè yo. Se la legliz sen Jan Batis la ki se sen patwon zòn nan chita tou. Menm jou manman ti Jan pral enskri li lekòl sa a, yon madanm ki se kouzin Blan, pral enskri pitit gason pa li tou. Se premye pitit gason li genyen ak mari li.

De medam yo fè wout la ansanm. Yo ap priye pou chèfrè a ta aksepte timoun yo nan lekòl la. Kidonk, ti Jan ak pitit gason kouzin Blan an se kouzen jèmen. Gen yon bon douz kilomèt ki separe lakay ti Jan ak lekòl la. Se yon bèl ti distans. Timoun ki sòti lwen toujou ap rive lekòl an reta. Gen lòt ki toujou ap dòmi nan klas paske yo twò fatige. Yo leve nan kabann yo depi a katrè dimaten pou pran wout lekòl la. Sa lakòz yo pa dòmi ase lannuit. Yo konn gen pwoblèm pou travay byen lekòl tou. Lekòl frè ak mè yo pa te vle pran timoun ki soti lwen yo poutèt sa.

Tout rezon sa yo fè medam yo pa te fin kwè lekòl la te ap aksepte timoun yo; men, yo te kwè nan Bondje bon!

Anvan tout bagay, timoun yo te genyen yon egzamen pou yo te pase. Se te pou wè si papa ak manman yo montre yo pawòl Bondje, epi pou wè si timoun yo resevwa bon levasyon.

Pandan tan sa a, chèfrè a voye papa osnon manman li pa konnen twò byen yo ale di yon priyè devan estati sakrekè a. Frè a, nan vit pòt direksyon an, ap veye paran ki pa fè sinakwa pou li pa akspete pitit yo nan lekòl la. Depi yo pa fè sinakwa, li deja konnen yo pa katolik. Manman ti Jan pase tès relijyon an. Ti Jan, bò kote pa li, pase tès konesans lan. Bon, pòt lekòl la te louvri pou ti Jan!

Ann oktòb 1975, ti Jan pral kòmanse ale lekòl. Se nan lekòl Frè Enstriksyon Kretyèn *Léonce Mégie*, Lavale Jakmèl la, li prale.

*Léonce Mégie* se te majistra vil Jakmèl nan peryòd lekòl sa a te ap konstwi. Gras ak kontak politik majistra a, li te pèmèt pè *Bonnaud* ranmase ak kenbe lajan taks mache Ridore a pou konstwi legliz la ak lekòl yo. Se nan lekòl kay frè a, ti Jan pral resevwa moso edikasyon, jan yo di sa nan langaj lakay nou. Frè Mena se te direktè lekòl la nan epòk sila a.

Lè manman ti Jan te pran wout la ak li pou li ale enskri li lekòl la, se premye fwa yo te ap fè wout long sa a ansanm. Lè yo rive nan zòn Platon Dèpo, Mimi tanmen yon bon ti pale ak pitit gason cheri li a sou rèv li genyen pou li. Ti pale sa yo, anpil paran Ayisyen toujou fè yo ak tout pitit yo. Marechal Mimi ap di ti Jan sa li ta renmen li vin ye demen lè li gran :

-   Pitit gason mwen, mwen ta renmen ou aprann li ak ekri pou ka vin kichòy demen. Tout sakrifis sa yo mwen ap fè pou ou a, se paske mwen pa ta renmen wè ou chita nan savann nan ap koupe zorèy bourik, jwe mayanba anba kafe, bwè tafya, fimen bout pòy siga ak vakabon ak bat kòk kalite. Epitou, mwen pa ta renmen ou konnen menm fòs traka mwen konnen nan lavi poutèt mwen pa te genyen chans ale lekòl. Ou tande pitit mwen?

- Wi manman, mwen tande.
- Mwen byen kontan. Epitou, mwen pa ta renmen ou ale ateri nan Panyòl ale nan lasaf. Fòk mwen ta mouri sèlman pou sa ta rive. Aprann li ak ekri pou ka leve tèt manman ou, pitit mwen, se sou ou mwen konte. Pwovèb la di: "pitit se byen pòv malere", si se vre, se ou-menm ki ap baton vyeyès mwen. Ou tande mwen?
- Manman, ou pa bezwen pale ankò, mwen tande tout sa ou di. Ou mèt konte sou mwen.

Nan peryòd sa a, yon moun ki fè klas twazyèm primè, (sa nou rele jodi a katriyèm ane fondamantal), te fè yon gwo klas. Moun sa a te ka ekri fich bòlèt oubyen fè yon ti lèt malman. Kèk peyizan ki te genyen mwayen te kwè sèlman nan voye timoun yo lekòl  pou yo te ka li papye tè  pou yo. Men, kwak zafè Marechal la pa te bon, li te mete pitit li yo lekòl pou yo pa te pote lèt kondanasyon yo.

Pou kèk moun jounen jodi a, Marechal la ka sanble yon moun ki pa te genyen gwo rèv pou pitit li yo. Men, sa nou vle? Nan zòn nan, se twa klas moun yo te konnen: matènèl, twazyèm ak sètifika. Yo pa te konnen si te genyen klas ki te pi avanse pase sa. Se pa sa ki te enterese yo tou; epitou, se pa rèv konsa yo te genyen.

Gen anpil moun ki panse fè byen pou pitit yo menm jan ak Marechal Mimi. Nan zòn kote Marechal la abite a, majorite moun yo plis kwè nan achte tè ak bèt pou fè gadinay. Pou fè bon bagay pou pitit ou, sitou nan edikasyon, li mande pou fè sakrifis tou. Se pa fasil sa te fasil; men, Marechal Mimi fè yo paske li te vle yon demen miyò pou timoun li yo. Moun ki pa genyen pasyans ak kouraj fasil pou dekouraje nan wout.

Pou Marechal Mimi, lekòl se te chemen devlòpman. Sa fè li pral goumen pou voye tout pitit li yo lekòl. Pou kòmanse, li voye ti Jan lekòl rapid paske li pa vle kontinye ak tradisyon kote pifò paran yo pa mete premye pitit gason yo lekòl pou yo ka travay tè fanmi an. Dabitid, se premye gason an ki pou ranplase papa a nan kay la, lè li ale koupe kann nan Panyòl.

## KALVÈ MARECHAL LA MONTE NAN MENNEN TI JAN LEKÒL

Dapre rèv Marechal Mimi te genyen pou fanmi li, ni solèy, ni lapli, ni van ak loray pa te ka bare wout li. Nan epòk nou ap pale a, lekòl te konn louvri nan mwa oktòb pou fèmen nan mwa jen. Mwa oktòb se mwa lapli te konn tonbe lajounen kou lannuit. Ki fè, timoun lekòl te wè sèt koulè lakansyèl nan monte desann sou wout Ridore a. Pou timoun tankou ti Jan ki te gen pou rale 12 kilomèt, sa te pi rèd toujou.

Lè pou ti Jan ale lekòl, li blije leve devanjou kit lapli, kit solèy pou pran wout la, anvan lawouze te tonbe. Dèfwa, li blije jwe marèl nan matyaka gwo labou anvan li jwenn yon lizyè wout kote pou li mete pye li. Lalin se te sèl limyè ki te klere pa li sou move wout yo.

Sa vle di tou, yon gwo chapit kòmanse pou Marechal Mimi. Avèk dis timoun pou li fè edikasyon yo, liv Marechal la gen plis pase dis chapit byen chaje. Anpil nan sakrifis li ap genyen pou fè pou pitit li yo kòmanse sou ti Jan. Se te yon devwa pou Marechal Mimi leve chak maten byen bonè. Tout lòt paran ki te konnen sa yo vle pou pitit yo fè menm sakrifis sa yo.

Pou leve chak maten, pa te gen revèy ki pou te bay lè. Pa te gen alam, sèlfòn, tankou jounen jodi a ki pou te sonnen pou reveye paran yo. Se te kòk kalite ki te sèvi yo revèy. Kokoriko se te sèl alam Marechal Mimi ak tout lòt paran yo te genyen. Se lè kòk chante, yo kontwole premye chan, dezyèm chan, twazyèm chan, pou yo te konnen li lè pou yo leve. Dòmi te ka twonpe yo nenpòt ki jou. Lè kòk pa bay bon lè, se sou pozisyon lalin nan ak zetwal nan syèl la pou yo konnen ki lè li ye. Moun sa yo genlè te etidye astwonomi!

Nou konnen moun andeyò ale dòmi bonè menm jan ak poul. Depi yo fin rale youn oubyen de somèy, je yo klè ap koute kòk ki ap chante pou yo ka leve. Pou sila yo ki « abla », se Radyo Pèdenal ki te konn ba yo lè. Kèk fwa, Marechal la konn leve depi a onzè di swa lè li pa byen pran ki chan kòk yo bay.

Kay ti Jan te toujou gen kòk kalite, paske Blan

te anmatè gagè. Sa vle di, li te toujou ap swen kòk zenga, kòk pentle, kòk sinis ak kòk sandre. Nan ti kay la, gen yon kòk ki toujou jouke sou yon chodyè anvan jou  gagè a rive. Konba kòk se yon gwo distraksyon pou peyizan, sitou lè gen dezafi.

Depi jou lekòl ti Jan rive, Marechal Mimi pa nan grate tèt. Li leve chak maten byen bonè pou li fè manje pou ti Jan manje anvan li ale lekòl. Nan menm manje sa a, li mete enpe nan yon bonm kantin pou ti Jan pote lekòl. Li mare bouchon ak zòrèy bonm kantin nan ak yon ti kòd pit osnon yon ti ne twal ble. Se yon fason pou manje a pa te tonbe lè ti Jan ap kouri.

Li pral manje manje sila a lè lekòl la bay gran rekreyasyon a midi. Lè Marechal Mimi fin fè manje lekòl, fò li te fè twalèt ti Jan, epi mete rad sou li tou.  Pandan ti Jan ap manje yon premye repa, Marechal la prepare li pou li ale mennen ti gason an lekòl.  Pa te gen inifòm nan epòk sa a; men, pou ti Jan se kòm si te genyen. Li te genyen yon ti rechany polestè ble. Ti rechany sa a se te inifòm ti Jan pou lendi, madi ak mèkredi. Nan pòch chemiz lan, Marechal la te tache yon mouchwa ak yon grenn zepeng. Mouchwa sa a, se yon moso twal Marechal la te bwode san talan pou ti Jan souye figi li osnon nen li. Pou jedi ak vandredi, li te genyen yon lòt rechany. Dapre Marechal la, jou jedi, timoun dwe parèt lekòl pi pwòp pase mèkredi. Sa a se te prensip pa li. Marechal Mimi te toujou mete ti Jan nan mwatye wout, si se pa nan pòt lekòl la pi souvan. Se tankou Marechal Mimi te lekòl tou, san li pa neglije lòt timoun yo ak responsablite kay la.

Ti Jan te kòmanse kay frè yo nan klas matènèl. Se yon madmwazèl ki te fè klas ti Jan. Pa te gen pi bon mwayen ankò pou yon timoun te kòmanse lekòl nan epòk la. Klas matènèl la, se te premye klas sou bò dwat lekòl kay frè a, lè nou fèk antre sou lakou a. Se te yon paradi tèlman madmwazèl sila a te montre byen. Li te fè timoun yo renmen li. Epi, li te pwofite tan li ap pase ak yo a pou li te gate yo tou. Li te konn achte ti dous kay madan Rigal ki te abite sou platon Ridore. Madanm sila a te genyen yon boutik kote li toujou fè dous kòk graje. Se dous ki te pi bon nan zòn nan. Sèten moun te konn gen kredi dous ak pen lakay li. Se nan boutik sa a anpil pwofesè konn vin manje manje midi yo tou. Lè konsa, yo pran yon pen ak manba ak yon kola cho. Genyen tou ki jis pran pen ak dous kòk graje. Anpil moun te konnen madan Rigal kòm referans zòn nan. Yon lòt bagay timoun kay frè te renmen, se te janjanbrèt devan lekòl la. Madmwazèl la te sèvi ak tout sa li te kapab pou chame timoun yo nan klas li a. Li ba yo mant alta, dous kòk graje, sirèt ak janjanbrèt pou ankouraje yo lè yo fè kichòy ki bon. Se sa timoun yo te bezwen pou yo te vin lekòl ak kè kontan. Madmwazèl sa a, ki te rele Edlin, se te yon moun espesyal. Anpil timoun jouk jounen jodi a pa janm bliye li. Yo tout te renmen vini lekòl, espesyalman nan klas matènèl sa a.

Li fasil pou yon timoun te vann nanm li pou dous kòk graje ak janjanbrèt. Ka gen timoun ki pa te fè sa; men, ti Jan pa te youn ladan yo. Afòs dous kòk graje ak janjanbrèt yo te pran nanm ti Jan, li te anvi double klas madmwazèl Edlin nan. Se te ap yon reta nan reyalizasyon rèv Marechal Mimi te genyen pou ti Jan; men, nan laj sa a, ki mele ti gason an ak plan Marechal la genyen pou li?

Nan klas ti Jan te gen pou li ale a, se te yon klas gason pa kanpe. Madmwazèl ki te fè klas sa a te toujou ap rele fò nan tèt timoun yo. Nou ta di bri ak baton ka foure konesans nan mwèl tèt yo.

Yon timoun nan nenpòt ki lòt klas te ka tande bri madmwazèl la ap fè nan tèt elèv ki nan klas li yo. Si yo pa te soud, se te bon Bondje. Alòs, yon timoun pa te gen rezon pou kontinye pran kout zepon fann fwa nan men pwofesè malouk sa yo. Se sa ki fè nan epòk la, depi yon timoun andeyò te ka ekri non li, karyè lekòl li te bout. Yon timoun te gen pou fè konesans ak anpil pwofesè ki gen diferan karaktè anvan li te rive nan klas sètifika. Ti Jan te konnen ki sa ki ap tann li nan lòt klas yo; men, li pa te ka fè bak, sitou ak Marechal Mimi, pa gen "fè bak".

Mo lekòl la te konn bay anpil timoun lafyèv. Pafwa, lè yo tande non madmwazèl oubyen pwofesè sila yo, sa te kont pou elèv yo pran latranblad. Genyen ki te konn pipi sou yo tèlman yo te pè mande pèmisyon pou yo ale nan twalèt. Alòs nou di pipi, genyen ki te konn fè tata sou yo tou. Te menm gen yon ti demwazèl ki te nan klas ti Jan pou okipe timoun sa yo. Se pou di nou ki kalite relasyon ki te egziste ant pifò pwofesè ak elèv yo. Sonje timoun sa yo te genyen sèlman 5 a 8 ane sou tèt yo. Sa ki pi di a, pwofesè sa yo toujou genyen rezon. Klas matènèl la se te yon paradi, poutan kèk lòt klas se te lanfè.

Lekòl te tankou yon maswife, se kòm si yon timoun ale lekòl pou li pase mizè. Gen timoun ki pran baton jouk po do yo senyen. Chemiz yo konn kole nan do yo. Sa fè, yo sanble ak Jezi ki ap monte mòn kalvè ak kwa a sou do li. Sò timoun lekòl se te sò kriminèl ki fè lasosyete gwo tò. Sa lakòz timoun lekòl toujou ap fè move rèv. Yo fè rèv dyab, rèv baton ak rèv mawon.

Ti Jan pa te janm an reta lekòl. Se te kontra Marechal Mimi ak chèfrè a. Poutan, te gen timoun ki te pito rete kache nan rak bwa pou yo pa rive lekòl. Yo te pè moun ki ta sipoze la pou pwoteje yo ak ba yo bon jan edikasyon. Nan koze baton an, tout timoun te jwenn pa yo. Kit yo te fò, kit yo te kreten, yo ap pran baton pou yon bagay kanmenm. Pou pwofesè yo, baton se te tankou yon medikaman pou elèv lekòl. Baton te asosye ak tout aktivite tankou resitasyon, egzèsis gramè, dikte ak aritmetik. Kalite tretman sa a te ka fè timoun yo kwè yo pa ap janm gen chans vin kichòy nan lavi. Pwofesè yo pa te janm itilize mo pou ankouraje timoun ki pa ka konprann leson yo. Pwofesè yo te rele elèv yo kreten, makak, bèt lèd, pa itil, parese, epi fè yo kwè se bon Bondje sèlman ki pou di yon mo pou yo. Genyen ki te konn di yo: se peyizan ki ap travay tè menm jan ak papa yo, yo ap ye. Kòmkidire travay tè se yon jouman, alòske papa menm pwofesè sa yo se peyizan ki ap travay tè. Sa ka esplike poukisa anpil timoun andeyò pa vle aprann agwonomi. Depi sou ban lekòl primè, yo fè yo rayi tout sa ki gen pou wè ak travay tè.

Timoun lekòl nan epòk ti Jan an te tankou bèt ki nan palan. Yo ap tann pou yo antre labatwa ak kè sote tankou bèt ki pran sant san. Yo deja konnen sa ki ap tann yo. Gen pwofesè ki rele nan tèt timoun yo. Gen lòt ki fè kòlè sou yo, frape pye sou yo, abize yo san pè san krent. Timoun yo pran baton tankou bourik ki konn kouche sou gran chemen anba chay sèl.

Ti Jan lekòl, se te kòm si Marechal Mimi te lekòl tou. Anpil move lide ak move imaj ap pase nan tèt ti Jan. Li blije pran chemen an tankou nou te di: anba lapli, nan labou, bon tan kou move tan. Lè sa pi grav, ti Jan pran devan, Marechal Mimi dèyè, paske ti Jan pa fouti manke yon jou lekòl.

Lapli ap tonbe, loray ap gwonde, zèklè ap chire syèl la, dlo ap desann, tèt ti Jan ap fè li mal, pou Marechal Mimi tout sa se blag. Jou lekòl se jou sakre. Marechal Mimi pa jwe ak kestyon lekòl paske se sèl zam li konnen ki ka chanje lavi fanmi li.

Mimi pa sèlman te mete ti Jan lekòl, men, li-menm tou li te lekòl. Se te yon bon egzanp pou lòt paran yo. Lekòl la osnon pwofesè yo pa te bezwen envite li nan reyinyon paran. Li te toujou la ap mande rapò sou ki jan pitit li ap travay. Li nan travay kominotè chak samdi, kote li pwofite poze kestyon sou sa li pa konnen. Pa gen paran ki te pi angaje nan edikasyon pitit yo pase Marechal Mimi. An nou ale gade sa.

## TI JAN TWOUBLE

Madmwazèl ki te sipoze fè klas ti Jan an ale fè yon lòt klas. Nou vle pale de madmwazèl ki pa manje anyen ki frèt la. Oke, chans pou ti Jan ak tout lòt elèv klas li a, yo pa ap jwenn ak li bonè konsa. Men, yo ap tonbe nan klas li pi devan wè pa wè.

Li te ale fè klas preparatwa II (sa nou rele jodi a dezyèm ane fondamantal). Yon lòt madmwazèl ki te ap vin kòmanse ak metye pwofesè a te vin ranplase pwofèsè ki pa manje anyen ki frèt la. Men souvan, moun konn kouri pou lapli, epi yo tonbe nan rivyè. Nou konnen, madmwazèl sila a fèk parèt, sa pa te mal pase sa avèk li.

Gen yon jou nan semèn nan lekòl lage a midi. Men, timoun nan laj ti Jan (6 an 7 an) poko ka konprann jou twò byen. Lendi ak vandredi pa gen diferans pou yo. Yon jou madi nan mwa fevriye, ti Jan pral montre nou sa. Nan lè pou lekòl la pran gran rekreyasyon, madmwazèl la di: *Au revoir mes enfants.*

Pou ti Jan, nan epòk la oswa nan moman sa a,

tout «O revwa» te vle di «ale lakay ou» . Menm
kote a, ti Jan pran valiz li ak tout bonm manje li,
epi li mete tèt li drèt pou lakay san li pa gade
dèyè. Se manje li ap manje wout la tank li
kontan. Li pa menm rete manje manje li te pote
pou li manje a midi a. Li ap kouri pou li ka fè
latèt. Èske nou konnen ki sa « fè latèt » la vle di
timoun? Plis li pa wè lòt timoun dèyè li, se plis li
ap kouri pou yo pa janm jwenn li. Poutan, li pa
te bezwen kouri paske yo pa te ap janm ka
jwenn li. Se li sèl ki sou wout la; men, ti Jan pa
reyalize sa. Se premye fwa li ap fè latèt nan
karyè elèv li, se yon gwo bagay. Ti Jan kouri
jouk li rive Platon Dèpo, menm Platon Dèpo
nou sonje a.

De machann bò lakay li, ki te ap soti nan mache
Blòkòs, wè li. Medam sa yo te genyen bann
mare anba ti vant yo, gwo bak sou tèt yo chaje
ak yanm jòn, yanm ginen, ak lòt dyanni. Gen
ladan yo ki te gwo vant prèske akouche. Lè yo
wè ti bonnonm nan, yo panse se kèk bagay ki
rive li. Se pa lè pou yon timoun lekòl ta nan lari,
sitou timoun lekòl kay frè. Platon Dèpo a yon
bon ti distans ak lekòl la. Yo pwoche li pou
mande li sa ki genyen. Li di yo se li-menm ki fè

latèt jodi a. Yo ri, epi yo souke tèt yo. Se pa ri pou yo ta ri; men, yo blije. Gen youn ladan yo ki ta vle mennen li tounen lekòl la pou manman li. Yon lòt fè li remake, li gentan twò ta. Pou ti Jan, moun sa yo pa konnen anyen nan zafè lekòl. Latèt la se yon gwo bagay li ye, sitou lè non ou se ti Jan; men, medam sa yo pa konprann sa. An nou swiv kounye a ki sa Marechal la pral fè ak sa. Konesan Mimi, nou ka gentan santi sa ki pral rive ti Jan.

## SEZISMAN MENNEN ZANMITAY

Ti Jan rive lakay li. Lè Mimi wè li, bon nanm li sòti sou li. Se tout jèfò, tout rèv, tout lespwa li, tout avni li ki vòltije lè li wè ti nonm nan parèt sou li nan lè sa a. Li pa konn sa pou li panse. Marechal la fè gwo sezisman. Li pa ka tann pou li tande sa ki genyen. Li panse frè a mete ti Jan deyò lekòl la. Li poze tèt li tout kalte kestyon. Li pa ka wè yon rezon, ni ki dezagreyab yon ti lèzanj konsa ka fè pou yo ta mete li deyò nan mitan ane lekòl la. Ki gwosè malediksyon sa a ki tonbe sou fanmi li? Sa li pral fè kounye a? Kote rèv li yo? Pou ki papa Bondje ap fè li sa? Sèl sa li te swete, se pou pitit gason li an ta fè twazyèm nan lekòl kay frè yo. Genlè li pa ap genyen chans sa a. Mimi pa ap kriye; men, nou ta ka wè dlo ap woule nan je li.

Li te ap prepare manje kòve, yon pitimi ak sòs pwa kongo. Li kouche zòrèy li tankou chen ki mòde an trèt pou li tande istwa ti Jan ap rakonte li a. Inosans ti Jan pa te sifi pou bare dezespwa ak latwoublay ki nan tèt manman li. Mimi fin tande ti vwa inosan an ki ap rakonte li gwo bagay li sot reyalize. Koze a mande reflechi. Li ap chache repons kestyon ki ap bouyi nan tèt li yo. Pandan tan sa a, li mete yon asyèt pitimi devan ti Jan ak lay sòs pwa kongo. Li ap reflechi sou ki sa li dwe fè. Manje a te cho. Mimi ap jwenn tan li bezwen an paske ti Jan pa ka prese. Ti Jan swe kou pitit Bouki. Kou li fin manje, Marechal Mimi tonbe woule li anba rigwaz. Se bòs Wilyè, yon kòdonye ki te fè rigwaz sa a pou li. Marechal la bat ti Jan ak yon raj san parèy. Li bat li menm jan ak kanson ble ak rad pipi ki ap pran zoranj si san savon anba batwèl bwa dòm sou wòch galèt. Si nou poko wè koze sa a, nou poko konn anyen. Rad pipi ak kanson ble se yo ki pase pi plis mizè anba batwèl bò larivyè. Pa te gen pi bon batwèl tou pase batwèl bwa dòm. Si nou kwè se manti, mande grann nou ak granpapa nou.

Ti Jan kriye, li pyafe jouk rive yon pwen li pa ka kriye ankò. Li dekonpoze nan men Marechal la tèlman li pran baton. Podjab, li pa menm konnen poukisa Marechal la ap bat li. Marechal la pa genyen limyè tou pou li ta reyalize ti Jan pa konprann anyen nan laj sa a. Ti Jan te kontan paske li fè latèt. Men manman li ap bat li pou sa!

Ti Jan ak manman li pa sou menm planèt. Epi, menm lè Marechal la ta esplike ti Jan poukisa li ap bat li, kote ti gason an te ap konprann tou? Nan laj sa a, ki mele timoun ak ògèy lavni paran yo gen pou yo? Timoun pa panse sou zafè konsa. Se pa responsablite yo tou.

Grann Tèn, manman Blan, ki abite lòt bò ravin nan tande jan Marechal la ap danse sou ti Jan. Bridsoukou, li pa tande ti vwa li ankò. Li travèse vit, sou tèt, nou ta di pentad ki genyen ze cho, pou vin sove ti Jan. Lè grann Tèn rive, li jwenn pitit la san konesans nan men Marechal la. Grann Tèn pran ti Jan nan men Mimi. Li fè sa li dwe fè, tankou fwote fèy sitwon anba nen li, ba li kout dlo frèt nan figi pou fè li revni. Nou konnen grann, li mande Marechal la, èske li te ap touye pitit la pou zafè lekòl sa a? Ti Jan se te pitit cheri grann Tèn, nou pa bezwen mande ki jan li te renmen li. Pou prèv, li toujou genyen yon ti manje sou kote li kite pou li nan yon ti chodyè de zòrèy.

Ti Jan se premye pitit gason Marechal Mimi. Tout rèv li pou fanmi an dwe kòmanse ak ti Jan. Si ti Jan pa reyisi, Marechal Mimi ka pa genyen chans ak lòt ti pipiti yo. Se sa ki fè emosyon ak pasyon pouse li kale ti Jan san gade dèyè. Nou ka wè jodi a ki sa Marechal Mimi te santi lè li te kale ti Jan ak raj sa a. Men, malchans pou Mimi, ti Jan pa te konprann anyen nan sa.

Timoun, èske nou konprann poukisa Marechal Mimi te bat ti Jan ak raj konsa?

Men, tout bagay fèt pou yon rezon. An nou gade ki sa tout epizòd sila a ap pote ki ka ede Marechal Mimi ak tout ti Jan.

Mimi vin genyen doub sezisman nan kò li. Ti Jan ka deyò lekòl la, sa a se youn, dekonpozisyon ti Jan anba baton an, se yon lòt. Kilès ki pa te ap sezi? Marechal Mimi pase yon nuit san li pa fèmen je li. Bagay la ap dominen li. Nan demen, anvan kòk chante pou reveye li, Mimi te gentan leve pou fè manje lekòl. Li pran wout la avèk ti Jan byen bonè. Li mete li devan pou li ale mande chèfrè a souple pou li pa mete ti Jan deyò lekòl la. Men, Mimi poko konnen ki sa ki te pase.

Anvan tout bagay, se yon timoun, yon ti lèzanj

li ye, ki mal li ka fè? Chans pou Mimi, madmwazèl la pa te menm wè ti Jan pa te la nan klas la nan yè apremidi. Pwofesè yo toujou fè apèl pou konte tout timoun apre yo fin antre. Ta sanble te gen ti neglijans bò kote madmwazèl la. Mimi ap mande si pitit li a te pèdi, ki sa yo te apral di li? Donk, avantay pou Mimi an lagan. Li kòmanse pran souf. Li reyalize li nan batay toujou.

Apre tout bagay fin diskite nan direksyon an devan chèfrè, madmwazèl la ak Mimi di youn lòt mèsi. Yo tou de regrèt sa ki pase a. Kounye a, Marechal la vin tabli yon relasyon ak madmwazèl la. Yo kontre chak dimanch nan legliz la. De tanzantan Mimi voye boul chokola pou li, pou ti Jan ka jwenn gras li. Se konsa, yo vini de bon zanmi. Ti Jan kòmanse jwenn atansyon espesyal nan klas la. Zanmitay Mimi ak madmwazèl la vin lonje ak lòt pwofesè kay frè ak kay mè a.

Lè vandredi apre lekòl lage, anpil pwofesè konn desann vin pase wikenn kay Mimi. Lè konsa, yo pwofite benyen nan bèl basen dlo, manje kann anana, gwo kann towo ak pran ti plezi yo tou.

Youn nan bagay ki te atire yo tou se bon ti manje Mimi te konn fè, tankou ti poul kreyòl wousi nan pwa tyous. Manje sa a, se te yon mak fabrik ki te ka fè nou koupe dwèt nou kay Marechal la. Mimi se yon fanm ki te genyen tout dis dwèt li. Pandan kèk ane li te ap travay nan vil Jakmèl, li te aprann fè manje byen. Se te yon plezi pou tout moun te goute bon ti manje li te konn fè yo. Se te bèl ambyans tou nan lakou kay madan ak mouche Blan. Fòk nou di tou, yo te de moun ki te pran plezi nan resevwa moun lakay yo. Vin jwenn pwofesè kay frè ak kay mè se te moun klas nan epòk sa a. Yo te pami sèl moun ki te genyen yon chèk nan zòn nan chak mwa.

Jounen jodi a, Marechal Mimi se youn nan moun tout pwofesè lekòl konnen. Nan patisipe nan aktivite kominotè, li kontre avèk anpil lòt moun. Sa pèmèt li pataje lide epi aprann sa li pa te konnen; paske tout sa yon moun pa konnen pi gran pase li.

## KOURAJ YON MANMAN SOU CHEMEN LEKÒL, CHEMEN LIMYÈ

Ti Jan nan preparatwa I (sa nou rele jodi a premye ane fondamantal). Nan menm epòk sa a, Mimi santi bagay la kòmanse twòp pou li nan fè pitit san rete. Prèske chak maten, li gen pou li mennen ti Jan sou teras pou li ale lekòl. Dèfwa, lè gen lapli, fòk li lage li nan zòn Kadad. Lè sa grav, li monte Ridore ak ti Jan pou depoze li nan papòt klas la. Ki vle di, li rale douz kilomèt pou mennen pitit la lekòl, epi li tounen vin chache li a katrè, lè lekòl lage. Pandan uit an, ti Jan ap gen pou li rale douz kilomèt sa a sou de vityelo li de fwa pa jou, sis jou chak semèn. Sis jou; paske fòk tout timoun kay frè, kay mè ale legliz sen Jan Batis (Ridore) chak dimanch. Se pa paske pa gen lòt legliz katolik bò lakay yo non; men, se prensip lekòl yo. Bondje genlè tande lapriyè nan sen Jan Batis yo pi vit. Epi, anpil moun ki kwè frè, pè ak mè yo se sen osnon kouzen Jezi oblije mache nan menm legliz sen Jan Batis la tou. Poukisa timoun yo pa te ka ale legliz nan chapèl ki tou pre lakay yo? Se menm relijyon an, menm kwayans lan, menm moun yo.

Men, Ridore se te yon lòt zòn ak yon lòt mantalite kote anpil moun kwè tout sa ki bon chita. Se sa ki ka rezon ki fè fòk se nan sen Jan Batis pou elèv yo te vini legliz. Gen dwa gen plis bagay ki te kache dèyè sa tou; men, lespri ti Jan poko te devlope ase pou li ta konprann yo. Si manman ti Jan ka soti lwen konsa pou vin mete li nan lekòl sa a, gen yon sekrè kanmenm. Nou swete nou va konnen li yon jou. Men, gen anpil sakrifis ki mare ak desizyon sa a. Sonje nou te di chemen Marechal la pran an gen anpil pikan kwenna ladan li. Se yon fanm ki pa janm fè bak devan responsablite li. An nou gade ki gwosè sakrifis li ka fè. Sa ka pèmèt nou mezire longè volonte Marechal la pou fè edikasyon pitit li yo.

Syèl la te louvri pandan tout lannuit lan pou lapli te tonbe. Marechal Mimi leve pou mennen ti Jan lekòl. Se pa de labou ki te nan wout yo. Tè a te glise tankou sòs kalalou gonbo ki ap tann tonmtonm veritab pou glise nan lalwèt. Sa ki te pi rèd la, ti wout yo te jennen anpil. Pa te ankò gen wout laj tankou jodi a. Se te yon ti tras kote pou yon moun pase. Lawouze mouye tout janm kanson nou nan pasay la. Lè de moun ki pa te byen kontre, de matlòt, nou mande ki jan yo te degaje yo. Pa gen kote pou ranje chemen bay moun pase tèlman ti wout yo te jis.

Marechal Mimi ak  ti Jan te konn rale wout sa a pye atè ak galon dlo nan men yo pou lave pye yo lè yo rive sou teras. Annik yo rive la, ki se gran wout zòn nan, Marechal la lave pye ti Jan. Apre sa, li mete chosèt ak boyo fabnak li nan pye li. Nou tout konnen,  tout sous dlo se nan ravin yo ye. Dlo se pa bagay ki te janm fasil sou teras dèske wout Lavale a pase sou yon bann mòn. Se pou rezon sa a Marechal la te pote galon dlo a soti depi lakay li. Gen moun tou ki itilize dlo nan tou wòch pou lave pye yo. Dlo pa te fasil; men, sa pa te anpeche timoun lekòl yo te frape pòt kay moun ki abite bò chemen pou mande yo yon vè dlo. Sèl moun ki te gen repo ak yo, se sila yo ki te genyen chen lakay yo. Tout timoun genlè te pè chen. Konsa tou, gen moun se te ak kè kontan yo te konn sèvi timoun lekòl yon gode dlo. Nan moun sa yo, nou ka site kay: mouche Salvadò, ki abite sou do tèt mòn Demostèn. Timoun te konn vòlè anpil kann nan jaden mouche sa a tou. Nan zòn ba Ridore, te gen madan Bèjon, ak madan Volèl. Kadad, te gen madan Andre. Mizak te gen madan Feliks Bousiko, madan Eli Ogisten, madan Mama Laròch ak kèk lòt moun ankò ki te konn chape swaf timoun yo. Anpil nan moun sa yo mouri; men, zèv yo te konn fè ak timoun tankou ti Jan pa ap janm mouri nan memwa yo.

Anpil nan moun sa yo genyen pitit yo sou wout la tou. Yo blije fè byen ak tout timoun. Yo pa konnen kilès ki ap voye je sou pitit pa yo. Nou pale de  moun sa yo sèlman, sa pa vle di pa te genyen lòt tankou yo nan lòt zòn Lavale ki te konn bay timoun yon gode dlo. Timoun lekòl se devastè yo te ye tou. Si madan Mama te la toujou, li te ka di nou mizè pye mandarin li yo pase. Ti Jan pa te inosan.

Te gen de gwo kamyon ki te fè transpò sou wout la. Youn te rele Oke Bèto Oke, lòt la te rele Lavidwòl. Dèfwa, yo te konn bay timoun lekòl woulib. Dèyè kamyon yo tèlman te wo, se bèf chenn nan ki pou te leve timoun yo mete nan bak la. Se te gwo plezi pou timoun yo te monte nan gwosè kamyon sa yo, menm lè yo pa

te ka konprann jan li mache. Li fè tèt yo vire lè
yo ladan li. Epi, yo wè pyebwa yo ap defile lè
kamyon an ap kouri. Se te gwo koze pou yon
timoun andeyò tankou  ti Jan.

Jou maten sa a, Oke Bèto te gentan pase. Li
gaye dlo sal ak labou toupatou. Pa gen kote pou
moun pase nan zòn kote ki te genyen gwo ma
labou yo.

Men Mimi ki rive anba mòn madan Milon an,
kote ki te genyen yon gwo ma dlo. Ti Jan chita
sou zepòl li. Pou ti Jan pa pran labou, Mimi
blije pote li sou zepòl li sòti depi Basen-Ble jouk
li rive sou teras la (3-4 km).

Mimi ap eseye pase ma dlo bò kote kay bòs
Mama a. Se menm kote pitit li yo rete kounye a.
Pye Mimi glise, li sòt tonbe sou kripyon deyè li
tou drèt. Pa fatige nou, ti Jan rete chita kèpòpòz
sou zepòl li. Menm bonm manje a ki nan men
gòch li pa touche tè. Mimi pa te vle ti Jan sal rad
li nan labou a pou li te ka rive lekòl pwòp. Ala
mizè pou malerèz la! Pou Mimi, lapwòpte se
paspò yon moun.

Imaj sa a montre nou ki kantite sakrifis Mimi te aksepte fè pou edikasyon pitit li yo. Sèn sa a pa janm sòti nan memwa ti Jan. Li toujou santi li pa ap janm ka fin peye Marechal la. Plis ti Jan eseye fè bagay pou fè kè Mimi kontan, se plis li santi li dwe li. Finalman, ti Jan ekri liv sa a pou ranfòse relasyon li ak Marechal Mimi pi djanm. Men, kou liv la fin ekri, konsyans li kontinye di li, sa pa anyen devan sakrifis Mimi fè pou li. Se pou sa li konsidere Marechal Mimi kòm youn nan pi gwo fanm vanyan li konnen sou latè beni. Marechal Mimi se pi gwo trezò Bondje fè ti Jan kado. Lanmou ti Jan pou manman li pa gen limit. Liv sa a se temwanyay lanmou, respè ak rekonesans ti Jan genyen pou manman li ak pou tout lòt manman ki fè menm sakrifis sa yo pou bay pitit yo edikasyon. Ti Jan wete chapo li, li koube byen ba devan yo, pou li di yo tout : Chapo ba !

## LADESANT TI JAN KAY MESYE AK MADAN JIL

Avèk tout timoun sa yo pou Marechal Mimi okipe, bra li ta sanble twò kout pou responsablite li yo. Men, tete pa konn twò lou pou mèt li. Apre anpil refleksyon, fwote sèvèl ant li-menm ak Blan, yo pran yon desizyon. Yo prale mande madmwazèl ki vin zanmi li an, si li pa ta ka aksepte ti Jan fè ladesant lakay li. An reyalite, se lakay paran madmwazèl la, paske li pa te ankò fin grandèt nèt. Fòk li genyen dizon manman ak papa li sou koze sa a.

Moun sa yo te abite Bèlvi, yon zòn ki pa te twò pre lekòl la pase sa. Men, konpare ak bò lakay Marechal la, se te bouch ak nen. Kondisyon an, se pou li ta pote manje ak lòt ti djanni de tanzantan pou ti bonnonm nan, konsa, chay gade ti Jan an pa ta twò lou pase sa. Nan laj sa a, timoun manje anpil. Non sèlman sa, ti Jan se responsablite manman ak papa li li ye. Moun yo pa ras ti mouche a, ni an nwa ni an blan. Se ede yo ap ede li paske yo genyen bon kè.

Madmwazèl la ki te fè klas ti Jan pale sa ak

paran li yo. Se te de moun konprann. Lè yo kalkile longè wout ti pitit la genyen pou li rale chak jou, yo aksepte li fè ladesant lakay yo. Sa montre ki jan yo konprann sitiyasyon Marechal Mimi tou.

Bèlvi, kote yo rete a, se yon ti lokalite nan zòn Bouk-18 nan Tènye. Marechal Mimi ak Blan planifye pou yo ale kontre ak paran madmwazèl la. Yo pran chemen yon jou samdi ak ti Jan pou yo ale lakay mesye Jil. Lè yo rive nan kay la, yo fè konesans ak grandèt yo. Men, sa ki te pi enteresan pou ti Jan, paran madmwazèl la te genyen yon ti gason ki te rete avèk yo. Se ti gason sila a ki te apral moun pa ti Jan. Li gentan wè li ap genyen moun pou li jwe. Ti Jan gentan ap ranje plan batay li. Lè yo pral nan dlo, yo ap ka mize jan yo vle. Yo ap ka jwe nan wout, batay, kouri youn dèyè lòt, fè jwèt lago, elatriye... Lè yo rive, si matant bat yo, se zafè ki gade li, ponyèt li ka fatige. Pwovèb la di, «po timoun se tanbou». Anplis moun sa yo, mesye ak madan Jil te genyen de pitit fi Pòtoprens ki te ap fè gwo etid. Madmwazèl la te pi gran pase lòt de medam yo. Li se yon moun ki genyen konsyans, li pa ap fè timoun abi. Li ap ba yo manje; men, li pa ap neglije ba yo mezi baton yo merite lè yo fè dezòd. Madmwazèl sa a te ka yon bon jij nan tribinal, tèlman li te bon ak timoun yo. Se te yon bon manman.

Youn nan sè yo se te yon moun ki te toleran anpil. Ti Jan ak lòt ti gason an te pi renmen li pase tout moun. Li pa te vle tande timoun ap kriye. Nou te ka wè dlo ap soti nan je li lè yon timoun ap kriye. Li ap di, pa fè sa pou pa pran kou ankò; men, pa fatige nou, si se te pou matant sila a, timoun pa te ap janm konnen sa ki rele baton. Ti Jan ak ti gason an pran woulib sou tolerans matant sila a anpil.

Lòt twazyèm sè a te pi jenn nan yo twa a. Se yon kalamite li te ye pou timoun yo. Li pa te ankò konprann anyen nan lavi ; alewè pou li ta konprann timoun. Li kale yo pou dan griyen. Dapre jan ti Jan te konprann li nan laj sa a, li panse li te konn regle yo nan zafè manje.

Ti Jan espere matant sa a ap padonnen li pou jan li te wè li nan epòk la. Pa gen timoun ki tolere moun maspinen yo menm lè yo antò. Ti Jan toujou kenbe bon relasyon ak tout moun sa yo jouk jounen jodi a. Li toujou rele yo menm jan an "matant". Se sèl matant ki te toleran an, li pa fasil pale ak li. Men, lòt de matant yo toujou bay ti Jan nouvèl matant sa a.

Bondje fè se sèl madmwazèl la ki te la nan kay la pandan plis tan ap sèvi lajistis. Ti Jan ap adapte li ak sitiyasyon an ansanm ak lekòl la nan nouvo kay sa a. Madmwazèl la tankou yon bon manman te ap voye je sou li, epi ede li ak leson li yo. Li fè li resite chak swa tankou si se te pitit pa li. Madmwazèl la te ap fè sakrifis sa yo kòm pwofesè ki te konnen manman ti Jan. Syèl la va remèt li sa yon jou. Sèlman sonje, ti Jan pa yon engra. Li respekte tout moun sa yo, e li genyen yo rekonesans pou sakrifis yo te fè pou li.

Yon jou, lè ti Jan vin gran, li voye yon lèt bay tout pwofesè kay frè a pou di yo tout mèsi. Epitou, nan menm lèt la, li di yo mèsi tou pou tout lòt timoun yo kontinye ap bay edikasyon. Anplis sa, li voye yon lèt espesyal bay madmwazèl sila a. Li toujou bon pou nou montre pwofesè nou yo nou apresye travay difisil yo ap fè a. Sonje, yo pa touche anpil. Ti Jan ta renmen di yo yon gwo mèsi pou tout elèv ki ta bliye fè sa.

Kounye a, rèv Marechal la pou ti Jan pran yon lòt direksyon. Avèk prezans yon pwofesè nan kay kote ti Jan ap viv la, se kòm si Mimi te genyen nan lotri. Li pral genyen plis tan pou li okipe lòt timoun yo ak kè poze.

## LÒT TIMOUN MARECHAL MIMI YO

Mimi ak Blan ap grennen pitit kou lapen. Nou gentan nan ane 1977. Yo genyen senk timoun. Lili, ti dezyèm nan, ki se yon pitit fi, pa te rive antre nan lekòl kay mè a jan Mimi te swete sa. Ki fè, Lili blije ale nan **Lekòl Nasyonal Lamontay** (ka Nabal). Se la li fè klas primè li. Anpil ane pase, ti Jan vin ka fè wout la pou kont li, sa fè li tounen ale viv lakay paran li yo ankò. Kon sa, li kite plas ladesant lan pou Kiki ak Sis. Yo rantre lekòl kay frè a san pwoblèm. Relasyon Marechal la ak fanmi madmwazèl la vin tounen relasyon fanmi kounye a. Nou konnen ki jan sa mache lakay. Youn nan medam mesye Jil yo batize pitit fi Marechal la vin genyen kèk ane pi ta (1982). Se te yon siy rekonesans ak apresyasyon pou fanmi an.

Mesye ak madan Jil trete timoun yo tankou ti pitit pitit yo. Man Jil te konn gen doulè nan pye. Leswa, anvan li ale dòmi, li fè timoun yo vin chita nan pye li pou chofe li ak men yo. Apre baton timoun yo te konn pran pou dezòd, pa gen anyen vre ti Jan ka sonje pou li ta repwoche moun sa yo. Lavi a ap kontinye, youn ede lòt san pwoblèm. Se kòm si se bon jan fanmi moun sa yo ye kounye a.

Lekòl kay frè yo, malgre tout bagay, se te pi gwo kado yon paran te ka ofri yon pitit. Menm lè afè Mimi pa te bon, li dekouvri sen Pòl pou kouvri sen Pyè pou te jwenn lajan lekòl la. Anpil fwa, se yon kochon blan te konn angrese pou li vann pou li te ka peye lekòl chak timoun yo. Se te pou li yon gwo privilèj pou voye pitit li yo lekòl kay frè a. Se te yon fyète pou li. Nou ka konprann sa, paske chaje moun ki ap seye ale enskri pitit yo lekòl kay frè a. Men, yo pa toujou ka pase egzamen yo.

Nan lekòl kay frè yo, timoun yo jwenn bon jan edikasyon. Anplis sa, yo ba yo kantin. Se te sèlman lekòl kay frè ak lekòl kay mè a ki te gen kantin nan epòk sa a. Frè yo konn pa gentan itilize tout manje kantin yo. Lè konsa, yo voye yon mamit poud lèt, yon mamit diri, yon mamit ble oubyen yon boutèy lwil (doliv) bay kèk paran. Nan jwèt sa a, Mimi fè kèk tan ap resevwa ti diplis sa a. Men, se pa yon bagay ki te janm nan santiman Blan. Li pa te aksepte pou manje pèpè debake lakay li. Sa fè li santi li pa ka okipe fanmi li. Menm lè bagay yo te rèd, Blan te toujou vle kenbe tèt li anlè ak diyite. Epòk yo te konn bay diri ki te rele diri Jan Klod la, Blan toujou fè kwit li nan yon gwo chodyè ki te rele "kè kontan". Li envite tout moun ki te vle pou vin manje li yon sèl kou.

Chèfrè yo te bay timoun yo bon kalite edikasyon. Men, gen ti detay, tankou nan ijyèn, ti Jan panse ki te neglije. Pa bliye mesye sa yo soti nan peyi devlope. Anplis sa, yo resevwa gwo edikasyon. Yo te ka ensiste pou timoun lave men yo lè yo soti nan twalèt. Men, yo lib pou yo di se pa te responsablite yo. Jouk jounen jodi a, lè timoun pral nan twalèt, gen dwa pa genyen dlo pou yo lave men yo. Pòt yo ak mi yo te plen ak vigil. Se te tankou yon tablo Pikaso ak kout dwèt sal.

Èske timoun fè sa toujou lè pa genyen papye? Sitou kounye a ak maladi kolera a, nou ap mande ki jan sa ye. Ti Jan pa di sa pou lonje dwèt sou pyès moun. Li pa ta renmen fè okenn moun fache. Men, se sèlman pou enfòme moun ki vle konnen ak timoun ki ap li istwa a. Gen dwa se sa ki pral sèvi pou chanje sitiyasyon an, si li poko chanje.

## TI JAN FÈ PREMYE KOMINYON LI

Ti Jan ap fè preparatwa II. Klas sa a, pwofesè ki fè li a, se anmore madmwazèl kote ti Jan fè ladesant lan. Sonje madmwazèl sila a sèvi kon yon bon manman pou ti Jan. Se te yon klas ki te di anpil. Se ladan li timoun kòmanse aprann fè divizyon ak miltiplikasyon. Pwofesè sa a, se te yon jenn gason ki te genyen move nanm sou li. Li te konn fè bri nan tèt elèv li yo ak ba yo baton tou. Se pa ti maspinen li pa te maspinen timoun yo. Se yon koze ki mande chanje nan sistèm edikasyon nou an. Nou pa ka retire koze baton an nan travay jaden (esklav yo) pou nou mennen li nan lekòl nou yo.

Alafen, malgre tout sa, pwofesè yo fè anpil sakrifis pou bay timoun yo moso edikasyon. Pwofesè yo te fè anpil jèfò, jan sistèm nan te mande li, pou yo foure konesans nan tèt elèv yo.

Nan menm ane sa a, ti Jan genyen pou li fè premye kominyon li. Tout timoun nan laj ti Jan nan lekòl kay frè ak kay mè a ap fè preparasyon pou yo ale fè premye kominyon. Lavale Jakmèl se yon kominote kote relijyon katolik pran jarèt anpil. Se ka prezans frè, pè ak mè nan mitan popilasyon an ki esplike sa. Preparasyon pou premye kominyon an se tankou yon tès sou tout katechis timoun aprann lekòl. Li chita sou konesans relijyon timoun resevwa nan men paran yo lakay yo. Paran katolik yo renmen sanble tout kay la devan kabann yo anvan yo ale dòmi leswa pou lapriyè.

Premye kominyon sa a, anpil fwa nan kilti nou mare ak anpil lòt ti aktivite kè kontan. Chak jedi inèdtan anvan lekòl lage, tout klas la genyen pou ale nan legliz sen Jan Batis nan repetisyon ki genyen pou wè ak kominyon an. Lè konsa, yon monitè osnon yon pwofesè aprann timoun yo chante yo ap genyen pou yo chante jou sa a. Nan ane sa a, se te madmwazèl ti Jan an ki te fè preparasyon an. Se te yon bèl okazyon pou tout klas la chape anba baton pwofèsè malouk la te ka simaye pou aritmetik. Pa gen timoun kay frè ki te renmen dènye lè sa a. Li pa te fasil pou pyès moun. Lè konsa, yo mete tout timoun an ran 2 pa 2 pou rale ti distans ki separe kay frè a ak legliz la.

Li bon pou nou konnen, lekòl kay frè a te konstwi nan ane 1926, 15 an apre legliz la. Gen yon bèl istwa ki konnekte ak tè kote lekòl kay frè a konstwi a. Apre pè *Bonnaud* ki se fondatè pawas la te fin konstwi legliz la, li te ap chache yon espas pou li konstwi yon lekòl pou ti gason. Li pa te ka jwenn yon teren sou platon Ridore. Moun ki te bay tè pou legliz la te konstwi a, se moun ki te genyen mwayen.

Vwala te gen yon ti madanm ki te abite sou tè kote lekòl la ye jodi a. Lè li tande sa, li ale kote monpè pou fè li konnen, si li ka jwenn yon moso tè yon lòt kote pou li bati kay li, li ap ba li tè a  pou li ka konstwi lekòl la sou platon an.

Se youn nan pi gwo aksyon yon sitwayen te ka fè, sitou yon pòv. Alòs pòv, paske se konsa, pè a te rele ti madanm sa a nan liv li ekri sou Lavale a. San bri, san kont, pè *Bonnaud* jwenn yon moso tè achte yon lòt kote pou ti madanm nan ki tou pase tè a ba li. Yo ale devan notè pou legalize tranzaksyon an. Men ki jan lekòl kay frè a chita kote li ye a. Se gras a yon fanm ki nan je anpil moun te sanble ak yon malerèz; men, li te kwè nan kantite byen lekòl la te ka fè pou zòn

nan. Li sakrifye tout abitid li ak eritaj sa a pou
byen kominote a. Istwa sou Lavale pa janm di ki
non ti madanm sila a. Menm lè se te yon
malèrèz, li te genyen yon non. Se pou sa ti Jan
ta swete, kèlkilanswa moun ki ta genyen
enfòmasyon sou fanmi madanm sa a, pou rann
li piblik. Se yon fason pou lasosyete jodi a, ka
bay ras madanm sila a respè li merite nan men
tout kominote a. Elèv kay frè yo dwe madanm
sa a anpil. Menm si madanm sa a pa te fè lòt
sakreman yo; men, nou ka santi, omwen, li te fè
premye kominyon li. Chaje moun Lavale ki
kontinye ap fè menm sakrifis sa yo pou
kominote a. Nou di yo bravo, nou di yo mèsi!

Se nan mwa me timoun yo ale pase egzamen
konesans yo sou relijyon devan monpè. Sa ki
pase pral fè premye kominyon yo. Sa ki pa pase
ap tann lòt ane.

Menm kote yon timoun aprann li pase egzamen
an, paran li demele yo pou bay koud rad
kominyon li. Pantalon nwa ak chemiz blan se te
inifòm pou kominyon an. Inifòm sa a ap tou
sèvi pou chak dimanch lè yo ap vin legliz.
Chemiz blan sa a te pèmèt tout moun konnen

kilès ki fè premye kominyon yo deja. Paske pa gen paran ki fou, ki pou ta achte yon chemiz blan bay yon timoun andeyò, san se pa pou yon okazyon espesyal konsa.

Paran yo kòmanse ap prepare yo pou fè yon resepsyon nan okazyon an tou. Jou jedi 19 me 1977, se jou sa a ti Jan te fè premye kominyon li. Pou frè bra li, ti Jan chwazi yon timoun bò lakay li.

Jou jedi sa a te gen mache Kadad, ki se yon lokalite ki sou wout pou ale Ridore a. Li prèske mwatye wout ant kay ti Jan ak lekòl la. Lè yo ap tounen apre seremoni an, manman frè bra ti Jan an te nan mache a ap vann komès li. Majorite lòt paran ki genyen kominyon te chita lakay yo ap prepare resepsyon pou pitit yo. Sa pa te fè ti Jan plezi. Li panse pa ap genyen anyen kay frè bra li a pou yo manje.

Lè nou tande resepsyon, nou ka panse se kèk gwo festen wi. Men ki jan resepsyon sa a dewoule. Gen lapriyè ki fèt bò yon tab kote anpil ti bagay ranje. Tab sa a, pi souvan, kouvri ak yon nap blan bwode.

Nap sa yo se anba gwo malèt tòl yo pase plis tan apre yo fin lave yo ak bon lanmidon epi pase yo. Apre lapriyè a, yo chante kèk kantik legliz anpil ladan yo gen pou wè ak manman Mari. Yo sèvi tout moun kafe osnon chokola ak pen. Apre sa, yo sèvi chak moun gato ki kouvri ak krèm ak ti grenn dekorasyon wouj, jòn, ble, tout koulè ak kremas. Moun te ka chwazi likè osnon kremas. Likè a se sik yo bouyi ak kanèl, anetwale, ak anpil lòt ti bagay ki te sekrè moun ki ap fè li a. Yo ajoute kòchni ladan pou ba li koulè, ak kleren pou ba li yon ti gou pike. Kòm sik te chè, gen moun ki te konn ajoute yon pat rakèt ladan pou li te ka glise. Yo sèvi bagay sa yo nan yon kabare. Tout moun foure men pou pran ti tranch pa yo a. Timoun toujou kouri sou pi gwo moso a. Gen kèk granmoun ki seye pran de moso kèk fwa. Yo va jwenn dekwa pou yo pote lakay yo pou mari osnon pou pitit yo. Sa pa gade yo si lòt moun ki la pa jwenn. Lè ti detay sa yo fin pase, chèf kanbiz la kòmanse sèvi bannann fri, marinad ki gen vyann poul ladan, sòs poul ak diri kole ak pwa. Sòs poul sa a pa ap pa genyen yon kantite makawoni ladan li. Makawoni an fè sòs la pwès, plis li fè li anpil tou. Makawoni an te gen menm valè ak vyann nan epòk sa a paske se yon bagay ra li te ye. Pandan tan sa a, nan yon bokit osnon nenpòt ki gwo veso yo ka jwenn, yo kòmanse sèvi kola banana, kola ji rezen ak kola chanpay. Yon moun pa te ka konnen ki kola li ap bwè nan twa a paske tout te melanje ansanm. Se twa moun ki pou te sèvi kola a. Youn ap bay tas, pòt ak gode ki nan yon kabare. Yon lòt moun pote bokit ki genyen kola a. Twazyèm moun nan pote yon kivèt dlo pou lave tas, gode, pòt ak vè ki sal yo. Moun entelijan yo toujou chanje plas apre yo fin bwè pou yo ka jwenn de fwa. Kola, se okazyon espesyal ki mete sa deyò bò lakay. Se pou sa tout moun eseye bwè pi plis yo kapab lè yo jwenn okazyon an.

Chèf kanbiz la fèmen tèt li nan ti kay lakou a si li gen pòt. Si se pa sa, li ap nan yon chanm kay, kote pou moun pa ka konnen ki kote manje yo ap soti. Anmatè tafya yo ap pran plezi yo tou. Men, se pa moman pou pyès moun bwè pou yo sou paske okazyon an pa mande sa.

Timoun yo ak tout grandèt yo pase de kay an kay pou ale salye tout moun nan vwazinay la. Li enpòtan pou mèt kay la la. Se li ki konn bay timoun ki ap konminyen an yon ti kado. Kado sa a ka dis kòb. Li ka menm rive yon ti poul osnon yon ti kabrit. Men, se sitou marenn oswa parenn timoun nan ki ka fè li yon gwo kado konsa pou premye kominyon li.

Premye kominyon an, se te yon gwo bagay nan lavi tout timoun, espesyalman nan lavi ti Jan. Pi devan nou va konprann poukisa. Egzamen mwa jen rive, ti Jan konpoze. Li pase, li ale fè klas katriyèm. Klas sa a, pwofesè ki te fè li a, chita yon kote jodi a, paske li avèg. Alòs; chita yon kote a, se paske nan peyi pa nou, yo pa kreye mwayen pou moun konsa ka viv pou kont yo. Si yon moun enfim, se sèl lopital li ka soti pou li ale. Mezanmi, ki lè peyi sa a va konprann moun ki enfim osnon paralize merite atansyon? Pa bliye, sa ka rive nou tout!

## TI JAN POKO FIN MATON NAN EKRI NON LI

Apre senk ane lekòl, ti Jan pa te ankò ka ekri non li korèkteman. Sonje zafè ekri non an, se premye bagay ki nan lis Marechal Mimi an. Men, se pa sa ki te nan lis lekòl la ak pwofesè yo. Montre timoun ekri non yo pa te enpòtan pase sa nan premye ane yo. Ki fè, yon timoun ki kite lekòl apre katran te gen dwa pa konn ekri non li. Se pa san rezon ti Jan pa te ankò ka ekri non li. Poukisa?

Lè Blan te ale fè batistè ti Jan, ofisye leta sivil la mande Blan non fanmi li. Youn nan tradisyon lakay nou lè moun prale fè batistè pitit yo, se pou yo mache avèk ak sivil yo. Se te pou ede ofisye a verifye si moun yo marye. Se sa ki pral pèmèt li konnen si timoun nan lejitim osnon natirèl. Nan yon zòn tankou Lavale, menm jan ak anpil lòt kote nan peyi a, anpil peyizan pa konn li, e jouk jounen jodi a pwoblèm sa a la toujou. Se responsablite ofisye a pou li verifye enfòmasyon ki ekri nan papye sa yo. Blan pa te bliye pote ak maryaj li. Nan pale pale, ofisye leta sivil la mande li:

- Èske non fanmi ou se menm ak yon lòt fanmi mwen konnen ki pa abite twò lwen ou?
- Wi, nou se kouzèn jèmen.

Se konsa, ofisye leta sivil la deside kreye yon non fanmi tou nèf. Li kole de non fanmi sa yo pou fè yon sèl. Pi ta nou va konprann sa pi byen paske Blan pa di yon mo. Sanble yo tou de te anba ti gwòg yo lè sa a. Anpil moun Lavale Jakmèl konnen de ki sa nou ap pale. Ti Jan se premye moun sou latè beni ki te apral genyen non tou nèf sa a ekri nan batistè li. Fèy papye ak pye palmis nan tèt li a pase mizè anba plim mesye sa yo. Nouvo non sa a ekri avèk katòz karaktè nan lang franse a. Non an sonnen tankou *Nabukodonozor*. Se yon non ki long epi ki difisil pou yon timoun nan laj sa a ta sonje. Sa fè, menm lè ti Jan te ap fè elemantè I, li pa te ankò ka ekri non li twò byen. Fòk nou konnen ofisye leta sivil la te yon grenn senk nan gate non moun. Li te ka fè sa li vle tou nan epòk sila a. Se yon nonm ki te genyen anpil otorite nan zòn nan, pa gen moun ki te ka pran chans kritike li. Se te sèlmam twa zan anvan lanmò papa Dòk. Alòs, nou ap mande si li pa te gate menm non pitit pa li yo, paske pifò moun nan zòn nan genyen pwoblèm nan batistè yo. Se pa moun Lavale sèlman ki te genyen pwoblèm sa a, se te yon pwoblèm nasyonal ki sanble li poko ap rezoud.

Mande nenpòt ki moun Lavale koze sou sa, yo va ban nou istwa pa yo. Chak fanmi te genyen yon dosye konsa kay ofisye leta sivil la. Kanta pou ti Jan, se chak frè ak sè li yo ki genyen pwoblèm nan batistè yo. Non sa a ofisye a te kreye a, li pa janm ka sonje kòman li te ekri li, ni li pa ap chache sonje tou. Se kòm si ofisye leta sivil Lavale Jakmèl la te genyen kontra ak raketè devan Achiv Nasyonal. Li kreye biznis pou yo ak pou tout fanmi yo.

Fòk nou sonje Marechal Mimi te swete pou ti Jan ta fè omwen klas twazyèm. Ane ki ap vini an, si tout bagay pase byen pou ti Jan nan klas pwofesè elemantè en an, li pral fè klas twazyèm. Rèv Mimi an ap reyalize.

## TI JAN PANSE LI ENTELIJAN

Pwofesè Pèpè gen lontan nan metye a. Li konprann timoun byen. Nou ta di li te fè gwo etid nan sikoloji timoun. Li te genyen don pou li anseye. Akote metye pwofesè a, li te yon kòdonye tou. Sa vle di, li se yon moun ki genyen anpil pasyans pou bat tchwi. Pwofesè yo mache vin fè lekòl chak maten, paske pifò ladan yo pa te abite twò lwen lekòl la pase sa. Antouka, pwofesè Pèpè pa te youn ladan yo. Li te konn soti chak maten sou milèt li, yon kote ki rele Kadire, pou li vin fè lekòl. Tout timoun yo te renmen li, se te tankou yon papa li te ye pou yo. Li te genyen yon fwèt po ki pa ap fè yo mal menm si li ta bat yo ak li. Pwofesè Pèpè fè resitasyon anpil fwa an gwoup. Li poze kestyon pou tout timoun yo reponn ansanm. Li gade yo pou wè kilès ki ap bat bouch san yo pa di anyen. Anpil timoun te pran woulib pa etidye paske pa gen baton pou resitasyon. Yo kwè yo entelijan, yo va resite nan mitan tout moun. Ti Jan te youn nan yo, li pa te janm etidye leson li, paske li te kwè li entelijan. Anpil timoun te konn etidye sèlman pou yo pa pran baton nan resitasyon. Resite leson an pa vle di yo te konprann anyen nan sa yo ap resite a, sitou yo te ap aprann nan yon lang ki pa lang yo.

Yon maten, pwofesè Pèpè deside fè yon ti chanjman nan jan li te konn fè resitasyon an. Li poze kestyon pou moun ki konnen repons lan lonje dwèt li anlè pou li reponn. Se te yon pyèj li te ap tann pou pentad malen. Ti Jan obsève moun ki pi antoupwèt ap leve dwèt yo, pwofesè a pa janm chwazi yo. Timoun nan laj sa yo, 8-9 an, toujou panse yo entelijan pase tout moun. Yo pa panse yon nèg tankou pwofesè Pèpè ka senk fwa pi entelijan pase yo. Pwochen kestyon nan resitasyon an, ti Jan leve men li san li pa te menm tande li. Men, li pral kwoke nan gòjèt li menm jan ak yon zo pwason. Gen timoun ki leve men yo anlè pou reponn. Ti Jan li-menm, li cho, li ap vole kanpe ap rele *moi! moi! moi!* Ti dwèt li leve anlè sispèk, sispèk. Nou ka devine sa ki pral pase...

Tankou pawòl la di, «yon jou pou chasè, yon jou pou jibye». Enben, pwofesè a chwazi ti Jan pou reponn kestyon an. Malè pou ti Jan, tankou nou te di li deja, li pa te menm tande kestyon an. Alewè pou li ta konnen repons lan. Li ta chita; men, li pa kapab. Li rete kanpe pandan tout lòt timoun yo chita. Li pa ka di jebedebe. Tout klas la fè silans. Nou ta di yo te ranje sa pou li. Nou pa tande kikiliki. Pwofesè a di ti Jan, li gen lontan li ap fè lekòl, epi li gen lontan li ap swiv li tou. Se tann li te ap tann jou a rive pou li te pran li nan pa konprann sa a.

Ti Jan vin rekòmanse etidye leson li apre esperyans sa a. Li pase klas la pou li ale fè elemantè II; men, li tou pran yon bèl leson nan men pwofesè Pèpè ki ap sèvi li pou tout lavi li. Sajès ak esperyans se gwo bagay. Sa pa gen lontan ti Jan mache prèske 20 kilomèt sou de pye li, pou li ale vizite pwofesè Pèpè Kadire pou di li mèsi.

Timoun, sonje sa ti Jan te di nou nan kòmansman liv la. Li te yon timoun tankou tout lòt timoun. Li te fè sa tout timoun ka fè paske li pa te yon ti sen. Sa a se te youn nan move bagay ti Jan te fè. Chaje lòt wi; men, nou pa vle jennen ti Jan twòp, li va wont. An nou avanse ak li nan yon lòt klas, paske kounye a li pral fè twazyèm. Klas sa a se klas pa Marechal Mimi an.

## MIMI LAGE TI JAN NAN MEN
## PWOFESÈ A

Mimi te di, se twazyèm pou pi piti li ta renmen
ti Jan fè. Klas sa a, se te yon maswife pou li. Si
pou li te kite lekòl, se nan klas sa a li te ap tou
kite, tèlman li te difisil. Tout matyè yo,
aritmetik, kalkil, pwoblèm, gramè te parèt pi
difisil pou ti Jan. Egzèsis gramè lematen apre
kantin se te matyè ki te pi difisil pou ti Jan ak
pou tout lòt timoun ki nan klas li yo. Patisip
pase akonpanye ak oksilyè yo se te pi move
zanmi yon timoun te ka genyen nan epòk sa a.
Se kòm si se nan klas sa a, timoun yo ta dwe
aprann tout règ gramè franse yo ap bezwen pou
tout lavi yo. Dikte menm se te yon kwa ki te
sou do timoun yo. Sal klas kay frè yo byen ranje.
Ban yo gen gran espas ki separe yo. Se de
timoun sèlman ki chita sou chak ban. Lè
pwofesè a ap bay dikte, li kenbe liv dikte a nan
yon men, rigwaz la nan lòt men an. Li li fraz yo
pou timoun yo ekri nan kaye yo. Epi, li pase sou
pwent pye li dèyè chak timoun yo pou li tcheke
sa yo ap ekri. Si yon timoun fè yon fot, li ap
sèlman santi yon kout rigwaz frape nan mitan
rèl do li. Yon dyalòg demare ant elèv la ak

rigwaz la. Rigwaz la di:

- Wèchhhh! Wèchhhh!

Timoun nan reponn:

- Ay! Mmm!

Timoun nan tòde kò li nan eseye touche kote kout fwèt la antre nan vyann do li a.

Lè konsa, nanm timoun sa a tou soti sou li. Menm lè li te etidye dikte sa a, presyon baton an vin pi fò pase sa li te etidye a. Ti Jan genyen yon mo li pa te janm ka eple lè li te nan klas twazyèm sa a. Mo sa a se te *nécessité*. Pou pi piti, li toujou fè 2 fot ladan li. Nou swete se fason sa a li ekri.

Èske se nesesite lavi a ki fè ti Jan te toujou genyen pwoblèm ak mo sa a?

Nan lapriyè ti Jan, li te toujou ap mande Bondje pou pa gen mo sa a nan dikte yo. Pou epòk ti Jan an, non anpil pwofesè enskri nan memwa timoun pou koze baton sa a. Se pa te fòt anpil nan pwofesè yo, se te mak fabrik sistèm nan. Gen paran ki te konn pote fwèt bay pwofesè pou kale pitit yo. Gen kèk pwofesè ki regrèt yo te konn bat elèv yo. Gen lòt ki di, yo kontan wè

jan baton te fè timoun yo fò lekòl. Men, ki sa ou
vle lè pifò moun ki ap fè lekòl pa te pase okenn
kote pou aprann teknik pou anseye timoun!

Klas twazyèm nan te genyen karannkat timoun
ladan li. Lè yo bay kanè premye trimès, ti Jan
karantyèm sou karannkat elèv. Mimi te
Pòtoprens, li te ale vizite kèk fanmi. Lè li antre
Lavale, li fè ti Jan li kanè a pou li. Tèt li pran
van lè li tande rezilta ti Jan te ap li yo. Li pa ka
kwè ti Jan, pitit pa li a, ka kreten nan eta sa a. Li
fè yon monkonpè li vin ba li yon dezyèm lekti
pou li konnen si se vre. Pou Mimi, gwo rèv
lavni ki nan tèt li a ta dwe sifi pou fè ti Jan fò
lekòl, menm lè li pa jwenn ankadreman ak sipò
li te bezwen pou ede li vanse. Li bay ti Jan yon
vole baton poutèt li pa pase. Se kòm si baton an
te apral chanje sa ki nan kanè a. Antouka, si li
pa chanje sa ki nan kanè a, Marechal la swete li
va chanje sa ki nan kalbas tèt ti Jan. Lè lekòl ap
louvri an janvye, Mimi pran wout la premye jou
a pou li mennen ti Jan lekòl.

Lè tout timoun fin antre nan klas la, yo di yon
*notre père*, yon *je vous salue Marie* ak yon *acte de
contrition*, epi yo chita. Marechal Mimi parèt

devan pòt klas twazyèm nan pou li pale ak pwofesè a. Tout timoun yo leve kanpe. Yo di «Bonjou madam ». Nou ta di se yon koral. Mimi di: «Pwofesè, ti Jan se pitit mwen, pa pè ba li baton, mwen pa ap mennen ou lajistis». Men kòman Mimi vann dèyè ti Jan ak pwofesè a ki te bon pou sa. Ti Jan jennen kou chen, kochon fè malonèt anba pye zaboka gran devanjou.

Tande koze! Yon jou, pwofesè sila a kale 43 nan 44 timoun ki te nan klas li a poutèt elèv yo pa te ka rakonte mo pou mo batay Sibè a nan istwa d Ayiti. Se te yon jenn gason ki te fèk kòmanse ak metye pwofesè a. Li te apral pase plis pase 30 an ap meble sèvèl timoun Lavale. Pwofesè a pa manke sèvi ak lisans Marechal Mimi te ba li a, ti Jan bwè baton sou baton. Men, sa pa te chanje. Ti Jan pa te genyen pèsonn moun lakay li ki pou te ede li ak devwa li yo. Mimi pa konn li, Blan non plis. Apenn si Blan te ka chifonnen non li ak nimewo si li jennen. Ti Jan blije demele li pou kont li ak devwa li te genyen pou li fè lakay li yo. Jouk jounen jodi a, genyen anpil timoun ki nan menm sitiyasyon sa a. Menm lè paran yo te ka genyen anvi ak volonte pou ede pitit yo, lang nan te apral bosale yo. Sèl lang paran yo konprann ak pale se kreyòl, alòske devwa timoun yo an franse. Nou ka konprann kounye a poukisa Blan pa te ka anpeche ofisye leta sivil la envante yon siyati pou ti Jan.

Men, èske bri ak baton fè timoun aprann pi byen lekòl? Sa a se yon kestyon pwofesè malouk yo ta dwe ede nou jwenn repons pou li. Madmwazèl matènèl la, pwofesè ki te abite Kadire a ak yon lòt ki te abite tou pre lekòl la, pa te janm itilize ni youn ni lòt. Ti Jan te aprann kat fwa plis nan men moun sa yo pase tout lòt pwofesè yo.

Kwak Marechal la pa te konn li, li te konn valè edikasyon. Li pral jwe yon jwèt matyavèl ak ti Jan paske Marechal Mimi se yon jeni. Swiv sa li pral fè. Sèlman, piga nou ri non! Timoun, koute. Nou-menm paran, pran nòt.

Pou Marechal la ka kontwole travay ti Jan pi byen, li mande pou li pote leson yo ba li kenbe lè li fin etidye. Konesan Mimi, ti Jan pa ap pran chans jwe ak leson li yo ankò. Annik li fin etidye, li tou kenbe liv la nan paj leson an pou li pote li bay Mimi pou fè li resite. Depi ti Jan fè yon ti reflechi, yon ti bege, Mimi renmèt li liv la pou li ale reprann leson yo. Pa gen pale anpil, se jwèt chat ak rat. Marechal la konnen sa li ap fè a; men, ti Jan pa ka dekouvri jwèt la. Kanta pou aritmetik, se ti Jan ki pou demele li pou kont li pou li konprann sa pwofesè a fè nan klas la.

Gen yon lè, Marechal la kenbe liv la tèt anba pou li fè ti Jan resite. Ti Jan di li sa; men, nan tèt li, se paske Marechal Mimi fò anpil ki fè li pa genyen pwoblèm pou li kenbe liv la tèt anba pou li li ladan.

Kòm sistèm nan se sou jako repèt li chita, jouk jounen jodi a, ti Mari pa monte, ti Mari pa desann. Taktik Marechal la te bay bon jan rezilta paske li te apral chanje atitid ti Jan ak nòt nan kanè li yo.

Ti Jan te pran anpil baton nan klas sa a; sa pa anpeche se ladan li tou yon gwo transfòmasyon te apral fèt nan li. Ak leson ki te nan «Manyèl Enstriksyon Sivik ak Moral» la, sitwayen ayisyen ki rele ti Jan an te vin yon patriyòt ki te pre pou li mouri pou defann peyi d Ayiti.

## KLAS PWOFESÈ FILBÈ A CHANJE TI JAN

Ti Jan rive avèk anpil mizè pase ale nan klas mwayen I (senkyèm ane fondamantal). Se yon gwo ane pou ti Jan. Li pral nan klas pwofesè Filbè a. Se li-menm nou te di ki abite tou pre bò legliz sen Jan Batis la. Li se yon jenn gason korèk, yon saj, yon jennjan.

Se nan klas sa a pou timoun kay frè yo fè dezyèm kominyon yo. Gen anpil bagay ki ap tann yo nan klas sila a tankou fenouvo, atelye, katechis elatriye… Tout se te aktivite ki te fè timoun pa blije chita nan klas ap fè kalkil, dikte, ak egzèsis gramè toutan. Tout timoun te renmen aktivite sa yo. Pa te gen presyon, pa te gen baton, lespri yo te dispoze pou yo aprann.

Pa gen timoun ki kreten, tout timoun genyen kapasite pou yo aprann ak kreye depi yo nan anviwònman ki ankouraje yo. Se domaj, Lekòl la fèt an franse, yon lang pifò pwofèse yo apenn ka teke de grenn mo ladan. Sa lakòz pa gen bon jan kominikasyon ant elèv ak pwofesè yo.

Poutèt sa, rèv anpil timoun rete nan kè yo jouk
yo antre anba tè. Genyen anpil nan yo ki te ka
vin gwo ekriven, istoryen, powèt, elatriye... men,
yo pa te janm genyen libète lespri yo te bezwen
pou yo te pale ak ekri nan lang pa yo. Jou chenn
sa a kase, nou va sezi wè longè lespri ak
kreyativite Ayisyen nan syans, literati ak anpil
lòt domèn.

Mimi te kontan ti Jan monte nan klas mwayen I.
Sonje rèv li, se pou ti Jan te fè twazyèm. Poutèt
sa, Mimi bay fè kèk ti rechany tou nèf pou li.
Bòs Lano ak bòs Lomon se te de bòs tayè ki te
genyen bon repitasyon nan zòn nan. Yo te konn
koud ti rad pou ti Jan byen pwòp; men, yo vin
twò lwen ak twò cheran pou Mimi. Gen yon
jenn ti bòs tayè sou katye a kounye a, se bòs ti
Toma. Li pa twò cheran tou paske li fèk bòs. Se
li ki te apral koud yon premye pantalon long
pou ti Jan. Se te gwo koze. Ti Jan pral mete
premye kanson long li pou li ale lekòl. Kanson
long, se lè nèg jennjan yo mete sa.

Ki sa ki pi bèl pase sa? Pantalon long ble maren
ak yon chimiz akawo krèm pou premye jou
lekòl. Ti rechany ble a resi ap pran yon kanpo

atò. Pifò moun andeyò pa janm achte ase twal pou bay fè rad pou pitit yo. Ki fè; pa janm pa gen yon pale anpil ak bòs tayè, sitou pou moun tankou Marechal Mimi ki genyen anpil lòt rechany pou li bay koud. Depi ti Jan ta fè yon efò nan rad sa yo, nou ka imajinen ki sa ki ap pase.

Si nou anvi wè bèl mèvèy nan kouti, se samdi maten pou nou ale kanpe devan legliz la lè gen maryaj. Se la pou nou wè tout dènye modèl zòn nan ki ap defile devan nou. Vès mesye ki ap marye yo konn dekoud sou yo. Medam yo-menm, se pa pale, bouch yo woze ak woukou, epi anpil nan yo foure yon flè choublak nan cheve yo. Li pran tan pou yo repase cheve yo nan apremidi anvan jou maryaj la. Gen nan medam yo, fè a boule fontenn yo, genyen se cheve yo ki boule kèk kote. Poutèt sa, yo chaje cheve yo ak lwil maskreti osnon ak pomad. Avèk chalè a, nou te ka wè grès ap desann bò kou yo pou vin chita nan kòlèt wòb osnon kòsaj yo.

Antouka, ti Jan se jennjan kounye a paske li ap mete kanson long. Se konsa Mimi te rekonpanse ti Jan pou bèl mwayèn li te fè a.

Blan li-menm, desann lavil Jakmèl ak ti Jan pou achte yon pè soulye pou li pou premye fwa. Yo pase nan wout Nan-Kotan an. Blan te renmen piskèt. Yo ale anba Mache an Fè pou li te ka achte piskèt nan fèy zanmann fennen. Yo kanpe bò machann nan pou yo manje piskèt la. Blan te achte yon pipòp bay ti Jan tou pou rafrechi lestonmak li. Lè yo fini, Blan kòmanse apante lari bò mache a ap chache yon pè soulye pou ti Jan. Blan te vle depanse ven goud. Men, soulye ti Jan renmen an koute 35 pyas. Nan epòk sa a, 35 pyas te lajan. Se kòb ki te ka achte nenpòt ki jenn biston kabrit osnon yon ti chatre kochon. Ak soulye sa a, ti Jan te apral ka choute chadèk ak wòch pi byen sou tout wout la. Se pou sa li chwazi soulye chè sa a. Blan fè li plezi; li peye soulye a pou li; men, ti Jan pran konpliman tou. Lè mwa septanm rive, Blan te gentan vann kochon pou bay Marechal Mimi lajan pou ale peye lekòl timoun yo. Se chak kenz septanm, Marechal la te toujou renmen ale fè règleman kay chèfrè a pou ti mesye yo. Lè konsa, li peye tout ane a, plis li tou achte tout liv yo pou ti Jan, Kiki ak Sis. Menm kote a, ti Jan kòmanse ap prepare ane lekòl la. Fwa sa a, li ap fè li avèk plis detèminasyon. Pou yon rezon osnon yon lòt, gen yon bagay ki chanje yon sèl kou nan ti Jan. Li wè lekòl yon lòt fason. Li pa dakò pou moun wè li tankou kreten ankò. Ti Jan se yon lòt moun ak yon lòt mantalite. Li ale pran ti leson patikilyè kay madan Yonyon, nan men madmwazèl Dèdèt ak Louloun. Se medam sa yo ki te genyen responsablite pou ede prepare li pou klas la. Men, moun sa yo se moun ki te genyen lonèkte, yo konn sèvi ak timoun. Chak fwa ti Jan parèt lematen, se te sitou banann ak legim militon frikase ak ti sale, ak mayi boukanen ak zaboka ki te pi gwo travay pou li. Leson patikilyè pa te chè pase sa, se te 6 pyas pou yon mwa.

Lè lekòl louvri ann oktòb, ti Jan te pare pase tout lòt ane anvan yo. Li pran desizyon pou li kòmanse travay pi bonè. Se kòm si ti Jan te santi sa li te apral kontre nan klas sa a. Li pral aji tankou yon timoun ki te nan dòmi, epi ki reveye bridsoukou. Pwofesè Filbè fè klas la enteresan tou pou timoun yo. Lè yo bay kanè mwa oktòb, ti Jan te pami dis premye elèv yo.

Tout moun sezi, ata ti Jan te sezi. Sa vin ba li yon plas nan ban dèyè kounye a. Se ban kote nèg fò yo chita. Men, sa pa te ap dire lontan, pozisyon an monte nan tèt ti Jan. Li pa te apral pran li tan pou li pèdi plas la; men, li kenbe pozisyon li nan ban devan mesye sa yo. Se te yon ekip nèg ki pa te nan jwèt tou ki te chita dèyè sa a. Gwoup nèg sa yo, nou ta di yo te achte ban dèyè a lajan kontan.

Yon lòt bò, pwofesè a se premye moun ki fè timoun nan klas li santi yo se moun tout bon. Li fè moral ak yo, plis li montre yo lizay. Li montre yo sa ki bon ak sa ki pa bon pou jenn moun. Li montre yo kòman pou yo mennen lavi jenn moun tou, bagay papa anpil nan yo pa fè pou yo. Yon timoun san papa te ap kontan genyen yon nonm konsa pou pwofesè li. Se li-menm ki te fè timoun yo wè yo pa dwe kanpe nan kwen mi, leve pye yo anlè pou pipi tankou chen. Gwo transfòmasyon, lòt nivo! Relasyon elèv li yo ak li pa janm chanje. Bon travay pwofesè Filbè te fè grave nan memwa tout elèv li yo. Avansman sosyal kòmanse fèt menm kote a nan timoun yo. Se tankou nou te nan yon chanm ki fè nwa, toudenkou yon moun limen yon limyè ladan li.

Si gen pwofesè ki ap li istwa sa a, kòman nou santi nou? Ki jan nou sèvi ak elèv nou yo? Nan diz an, kenz an, trant an, ki sa yo ap di de nou? Gen timoun, nou ka sonje, ki tèlman te pè pwofesè yo, menm pèmisyon yo pa te ka mande pou yo ale nan twalèt.

Ti Jan pale de tanzantan ak pwofesè Filbè. Yo pataje esperyans lavi yo pou konnen ki jan yo ka ede timoun ki ka bezwen èd yo jounen jodi a. Se vre, te gen pwofesè malouk; men, nou ka wè te gen pwofesè ki te konprann timoun pi byen pase lòt. Epi, e nou-menm timoun, nou pa ta renmen genyen yon pwofesè tankou pwofesè Filbè?

Pawòl sa yo gen dwa pa fè kèk pwofesè plezi oubyen yo ka panse ti Jan genyen pwofesè li te renmen pase lòt; men, se pa vre ditou. Li genyen menm respè pou tout pwofesè li yo paske se travay yo yo te ap fè, jan sistèm nan te mande yo. Li pa yon peche tou, si li ta genyen yon pwofesè li te apresye pase yon lòt. Ki moun ki te pase lekòl ki pa fè peche sa a? Nou pa ka toujou ap kritike osnon pale de move esperyans nou yo sèlman; kounye a, se moman pou nou

pa pè prezante sa ki bon nan sosyete nou an
pou ankouraje lòt moun kopye yo. Pou sosyete
nou an chanje, fòk nou genyen kouraj pou nou
tande, aksepte ak konprann sa ki bon menm jan
ak sa ki pa bon. Se konsa pou nou aprann.

Se nan klas mwayen I sa a ti Jan konprann ki sa
lekòl ye. Li reyalize klas twazyèm pa te limit la.
Li kòmanse ap reflechi tankou yon jenn moun
ki responsab. Li menm ap fè rèv pou li ta vin
yon entèlektyèl tout bon. Avèk motivasyon sa a,
li pase yon bon ane nan klas pwofesè Filbè a,
epi li monte nan klas mwayen II.

## TI JAN FIN FÈ KLAS PRIMÈ LI

Klas mwayen II, osnon sètifika, se dènye klas nan lekòl primè. Ki fè, timoun ki nan klas ti Jan an se elèv ki pi gran nan lekòl la. Sa ki ta di sa? Ti Jan gentan ap fè sètifika. Non ti Jan ka site nan Radyo Nasyonal d Ayiti si li pase egzamen ofisyèl sètifika a. Kòman Mimi ak Blan ap santi yo lè yo tande non pitit gason yo a nan radyo? Se te toujou dimanch apremidi vè 3 zè yo te konn bay rezilta. Pou premye fwa, non ofisye leta sivil la te kreye ak Blan an pral sonnen nan zorèy tout moun alawonnbadè. Kè moun ki ap genyen pou li non sa a ap twouble kanmenm lè li rive sou li, paske non an gwo nèg. Nou ta swete li pa sote non ti Jan poutèt li twò long. Antouka, Marechal la toujou okipe ak repase rad nan lè sa a. Se sa li toujou ap fè dimanch apremidi lè li fin fè manje.

Frè Andre se te pwofesè klas la. Li te montre timoun yo byen. Ti Jan kenbe pozisyon li nan klas la. Li pa te yon kreten ankò, li te pami 15 pi bon elèv yo. Sa te fè Mimi anpil plezi. Nan mitan ane a, frè Andre tonbe malad. Yo voye

yon lòt frè ki te Wanament vin ramplase li.
Nouvo frè sa a vire tout bagay tèt anba. Elèv ki
te konn ap travay byen tounen dèyè. Sistèm li
an te di anpil. Li mande pou elèv yo fè kalkil
nan tèt yo. Li pa te bay tan pou reflechi, alòske
timoun yo pa te abitye kalkile konsa. Anpil nan
yo panse yo pa te ap ka pase egzamen sètifika a.
Li te fè yo santi yo pa konnen anyen.

Men, frè sa a te konnen sa li te ap fè. Lè yo
afiche rezilta sètifika, tout 36 elèv kay frè yo te
kontan yo pase. Elèv ki te fè pi piti mwayèn nan
te fè 6 ak yon ke. Malchans pou ti Jan ak tout
fanmi li, se ane sa a yo deside pa bay rezilta yo
nan radyo ankò. Yo rate yon gwo chans pou
tout repiblik la te tande non sa a.

Rèv Mimi an reyalize avèk djegi. Ti Jan pral
pran wout pou Pòtoprens. Se nan gwo vil sa a,
li pral fè konesans ak lavi san Blan, san frè ak sè
li yo, san zanmi li yo. Men, pa fatige nou,
Marechal la ap toujou la avèk li. Koze
Pòtoprens lan se yon lekòl pou kont li. Nou va
wè sa nan dezyèm pati liv la kote ti Jan kase
randevou ak nou sou lavi li nan lakou
Pòtoprens.

# DEZYÈM PATI

## YON KOUT GIDON

Nan epòk sa a, depi yon timoun desann sètifika, li kòmanse prepare pou li twoke kòn lavi a yon lòt jan. Anpil timoun andeyò konnen yo genyen pou yo ale lekòl lavil. Pa te ankò genyen lekòl segondè Lavale. Sa vle di, gen timoun ki pral lekòl lavil Jakmèl ak Pòtoprens. Gen lòt ki pa ap fè yon pa. Se pa tout paran andeyò ki genyen yon moun lavil kote pou pitit yo desann. Anpil moun andeyò ki lavil, se kòm bòn ka madanm yo konn ap travay pi souvan. Sa pa vle di tout fanm andeyò ki ap viv lavil se bòn. Li pran tan anvan pou moun sa yo genyen kay pa yo nan vil la. Lè yo rive lwe yon kay, se pou resevwa tout kòt fanmi ak vwazinay yo. Sa nou rele kay la, se konn anpil fwa youn osnon de pyès kay nan yon koridò kote moun anpile youn sou lòt. Mizè Pòtoprens fè youn tolere lòt menm lè yo pa genyen menm karaktè. Gen timoun tou, se paske paran yo pa te kapab pouse yo pi lwen lekòl ki fè yo pa te kontinye. Genyen ki te deside pa ale lekòl ankò paske yo te panse yo fin konnen. Sonje, nan epòk sa a, pifò moun te ale lekòl pou yo te ka ekri non yo. Se te yon fason pou yo pa pote lèt kondanasyon yo. Timoun ki pa te genyen yon manman djanm tankou Marechal la fasil pou yo kite chemen lekòl byen bonè.

Nan epòk nou ap pale a, pa te ankò gen lise ak kolèj Lavale, ki kapab te fèk vin yon komin. Gen timoun ki te fò anpil lekòl; ki pa te ka ale Pòtoprens osnon Jakmèl pou kontinye ak edikasyon yo. Sa fè rèv anpil ladan yo rete nan kè yo, san yo pa rive reyalize yo nan lavi a. Anpil nan yo te ka vin doktè, enjenyè, agwonòm, avoka ak pwofesè. Sa byen fè mal. Genyen nan nou ki ap gen pou nou fè esperyans sa yo tou nan lòt domèn; men, se lavi !

Si pa te gen lekòl segondè sa yo Lavale jodi a, sa te ap kontinye rive anpil timoun apre yo fin desann sètifika. Non sèlman gen lekòl segondè ; men, gen lekòl pwofesyonèl ak inivèsite tou.

Sonje di grandèt ak lidè nou yo mèsi, lè nou kontre yo sou wout nou. Chans pa ti Jan, li te genyen yon vye tonton ak matant ki te ap viv Pòtoprens ki te ka resevwa li. Se pou sa, li ap ka

fè kout gidon soti andeyò pou vini Pòtoprens
lan san pwoblèm.

## TI JAN SOU CHEMEN VOKASYON LI

Lè ti Jan te nan klas twazyèm, klas maswife a, gen yon frè ki te soti Pòtoprens ki te fè yon pase nan klas la yon jou. Se te siperyè jeneral frè yo nan peyi d Ayiti. Li bay chak timoun yon ti fèy papye blan. Li mande yo pou yo ekri twa pwofesyon yo ta renmen lè yo vin gran. Se te yon gwo moman pou tout timoun yo. Se pa lide ki te janm pase nan tèt yo, paske majorite ladan yo pa te konnen poukisa yo te lekòl. Pou prèv, gen yon timoun, Janpòl, ki te di li-menm se bèf chenn li ta renmen ye lè li gran. Kon sa, li te ap ka monte machin san pwoblèm. Depi tou piti, kamyon yo pa te bezwen kanpe pou li te monte osnon pou li te desann yo. Li te gentan genyen tout sa yon bèf chenn te bezwen pou fè djòb li. Janpòl grandi pou li vin yon nonm ki genyen anpil sajès. Ti Jan te sezi kontre avèk li, sa gen kèk ane; li pa te yon bèf chenn. Li genyen yon pwofesyon ki pèmèt li ka goumen plis ak lavi a.

Yon timoun andeyò nòmalman pa te genyen anpil chwa nan zafè gwo metye yo. Pou ti gason yo, sèl sa yo te konnen, se ale fè pè, frè osnon doktè. Pou ti fi yo, se te ale fè mè, ale aprann koud ak fè bwodri, elatriye...

Nan ti mesye yo, gen sila yo ki ap vin ranplase paran yo nan travay tè. Si timoun nan ta genyen chans fè klas katriyèm segondè, li ka antre nan mekanik osnon nan ebenis. Pi souvan metye sa yo te rezève pou timoun anpil moun kwè ki pa ka aprann. Lè konsa, paran yo chache lage yo nan yon garaj. Se kòm si metye mekanik lan pa genyen lojik ladan. Ki lè soseyte nou an va rekonnèt valè tout metye?

Ti Jan chwazi twa pwofesyon pou li ekri sou fèy papye sa a.

An premye, li ta renmen vin yon chèfrè pou ranplase frè blan yo. Se frè blan sèlman li toujou wè, li ap imajinen ak ki sa yon frè nwa ap sanble. Li deja wè tèt li kòm yon frè nwa ki ap fè lekòl nan plas frè blan yo. Frè ak pè se pi gwo otorite ti Jan konnen, nou ka deja imajinen sa ki ap pase nan tèt li. Ti Jan konnen chaje privilèj ki ap tann li, si li ta rive vin youn nan bagay sa yo. Timoun yo te ap pi alèz ak li tou. Konneksyon frè, mè ak pè ak relijyon fè anpil moun andeyò

panse moun sa yo se sen. Vin jwenn se blan yo
ye, sa ba yo yon konsiderasyon espesyal nan je
tout moun. Nan epòk sila a te ka gen ant 6 a 10
frè Ayisyen sèlman. Men, yo genlè pa te janm
vin Lavale. Si yo te konn vini, ti Jan pa te konn
wè yo. Menm gen 2 ou 3 ladan yo ki te moun
Lavale.

An dezyèm, ti Jan ta renmen vin yon pè tankou
pè Lavale a, ki se te yon blan tou. Mete sou sa,
pè yo genyen machin. Li ta renmen si li pa ka
ranplase frè yo pou li ta vin ranplase pè a. Nan
epòk la, se te pè Pisyo ki te responsab pawas la.

An twazyèm, li ta renmen vin yon doktè pou
konsilte malad. Lòt bagay li te renmen nan
metye doktè a, se ti machin do bosi li te apral
genyen an. Prèske tout doktè ti Jan te konn wè
Lavale te genyen youn nan ti machin sa yo,

«Vòlsvagenn ». Se kòm si machin sa a te vini ak
metye doktè a. Konsa, ti Jan fikse tèt li pou li ta
vin youn nan twa pwofesyonèl sa yo lè li fini
lekòl li. Fini lekòl! Ti Jan! Marechal Mimi! Genlè
nou ap reve je klè.

Si nou pote atansyon, nou ap wè ti Jan chwazi twa metye pou li sèvi lasosyete. Se sa li leve li jwenn manman ak papa li ap fè. Se nòmal pou li ta chwazi twa metye sila yo. Sonje tou, lè Marechal la te apral mete li lekòl, li te swete pou ti Jan kapab li papye tè pou moun nan zòn nan. Se te yon fason pou li ta ka itil lasosyete tou. Se sa ti Jan ap fè kounye a, kwak li pa yon chèfrè, yon monpè, ni yon doktè. Li ap sèvi kominote li jan li kapab.

Fòk nou konnen tou, Marechal la te manm tout asosyasyon ak tout gwoupman ki te egziste Lavale. Li te manm **CODEVA** *(Coude-à-Coude pour le développement de La Vallée)*, yon òganizasyon kominotè ki te ap ede nan konstwi wout, lopital, dispansè, lekòl, sous dlo, elatriye… Li te nan **Kès Popilè** ap kontwole ristoun. Depi se aktivite sosyal ki te genyen, Marechal Mimi te ladan. Pye li te ka kale nan mache nan reyinyon ansanm ak de lòt medam ki se moun menm kote ak li. Yo tout te angaje nan fè edikasyon timoun.

Blan bò kote pa li, kòm nou te di li deja, se yon potomitan nan zòn bò lakay li. Nan tout aktivite, tout moun konnen Blan kòm yon referans. Lè gen pwoblèm antre de moun, tankou si bèt youn ta lage nan jaden lòt, se kote Blan yo ap vini pou tande larezon. Blan pa te yon chèf katye ni yon adjwen; men, li te genyen kalite yon lidè. Tout aktivite kominotè nan zòn nan te chita sou zepòl li ak de twa lòt moun ki te popilè pou sa.

Sonje, nou te pale sou jan ti wout bò lakay ti Jan an te jis. Yon jou, Blan kanpe nan yon reyinyon kominotè pou li pran lapawòl. Li di, jan li wè zòn nan ap avanse a, gen nesesite pou tout moun ta mete tèt ansanm pou fè yon wout kote machin ka pase. Bagay sila a te lakòz anpil pale anpil. Peyizan pa dakò pou wout machin vin pase sou tè yo. Majorite ladan yo di, yo pa genyen machin ki ap vini lakay yo. Genyen ki te mande li, si se wout pou vòlè vin atake yo li bezwen fè? Blan te yon jan gwo nèg tou. Yon samdi maten li leve, li di se pou byen zòn nan li ap fè li, sa ki vle touye li va touye li. Blan pran manchèt li pou trase wout la. Samdi ann apre a, gwo jounen travay kominotè òganize nan wout la. Gen moun ki babye, genyen ki plenn nan kè yo. Enben, jouk jounen jodi a, se menm wout sa a ki ap sèvi kominote a pou yon pakèt bon rezon. Si yon moum tonbe malad, anbilans lopital la ka antre ale jouk Chalo ale chache moun sa a. Te gen sitwayen pwogresis tankou Lerès Loti, Tiwobè Pyè, madan Tadme Gabriyèl, madan Walkè ak madan Kresnel Plonkè ki te kwè nan pwogrè tou. Moun sa yo, se sou do yo zòn nan te chita. Apre kèk ladan yo vin mouri, zòn nan rale yon gwo bak.

Kèk tan pase, lè ti Jan vin ap fè mwayen I, klas pwofesè Filbè a, frè a tounen ankò. Li mande pou li ta fè yon ti chita pale ak ti Jan sou chwa li yo. Men, nou konnen li te vle pale ak ti Jan sou sa ki pi enterese li a. Li ta renmen li vin yon chèfrè. Li diskite lòt chwa yo tou ak ti Jan. Sanble pa te gen okenn enterè pou gide li nan lòt direksyon yo; men, chwa ti Jan te deja klè nan tèt li. Frè a pran randevou sou randevou ak ti Jan nan tan apre yo pou pale li sou tout bon jan travay kongregasyon an ap fè sou latè beni. Chita pale ak yon blan je vèt an prive, ki sa pou ti Jan ta vle ankò? Alafen, frè yo wè ti Jan genlè pa te nan jwèt. Yo ale kontre paran li pou pale sa ak yo.

Menm epòk sa a, yo kòmanse ap pale de frè Milo nan tout lekòl yo, sitou Lavale. Misye se te yon jenn Ayisyen ki se moun Lavale. Li te ap fè lapli ak bon tan nan Jivena ak nan Senlwi Gonzag. Yo menm kòmanse kole foto li nan mi klas yo. Ti Jan panse misye te yon sen paske pifò foto ki kole nan mi lekòl kay frè yo se te foto sen. Yon foto genyen gwo enpòtans pou moun andeyò. Li fè gwo enpak sou lespri yo, kèlkilanswa foto a. Moun andeyò pa ap jete almannak ki genyen bèl foto ladan yo. Almannak lan te mèt genyen twa, katran, yo kenbe li. Yo dekore kay yo, vit gad manje yo ak tout foto yo te ka jwenn sitou si se foto blan ak milat. Sa vin fè ti Jan plis anvi swiv chemen sa a pou li ta vin yon chèfrè. Li ka vin tankou Milo, pètèt yon jou, se foto pa li yo va kole nan mi lekòl la. Yo rele li frè Milo; men, li pa te menm ankò frè lè sa a. Menm nan novisya li pa te ankò antre. Lè ti Jan vin genyen chans pou rankontre ak li, se te tankou yon sen tout bon ki te kanpe devan li. Se pa de kontan li te kontan wè frè Milo. Ti Jan ta renmen sanble ak Milo pi devan nan tout sa li ap genyen pou li fè. Milo se youn nan jenn ayisyen ki te fè anpil enpak sou elèv ki te lekòl kay frè yo nan epòk li a.

Frè yo, bò kote pa yo, òganize chita pale ansanm ak paran ti Jan yo pou diskite sou vokasyon li. Tout bagay pase byen. Nan fen ane sètifika a, yo te fè dènye rankont yo. Paran ti Jan yo fè tout preparasyon pou li ale fèmen nan Jivena Petyonvil la. Li pral etidye ak prepare pou li vin yon bon sitwayen, yon entèlektyèl, men sitou yon chèfrè pou tout bon.

Se pa nan rèv nou ye, nou ap pale de ti Jan, pitit Marechal la. Si nou fè yon ti bak, nou ka sonje se ayè la a Marechal Mimi te ale enskri ti Jan nan lekòl la. Sonje ti pale Mimi te fè ak ti Jan nan zòn Platon Dèpo a, sou rèv li genyen pou li. Mezanmi, gade ti Jan kounye a ki ap prepare pou li ta vin yon chèfrè! Se pral yon gwo onè pou Marechal la ak pou tout fanmi li. Dayè tout fanmi ki genyen yon pè, yon frè, yon mè ladan yo jwenn respè nan je anpil moun Lavale. Men, li bonè toujou pou ti Jan, nou poko rive la.

Pou voye ti Jan ale, Marechal la genyen yon pakèt preparasyon pou li te fè. Gen anpil difikilte ki ap tann li tou. Sa te apral koute kòb li pa te genyen nan plan li pou li jwenn osnon pou li depanse.

Nou gentan nan ane 1982, Marechal la ak Blan pa te nan griyen dan. Yo te gentan gen 7 pitit, epi yo ap kouri sou 8. Lavi a di anpil, bagay yo pa fasil pou yo. Fòk tout timoun sa yo ale lekòl, se te plan Marechal la. Pou li, lè timoun ale lekòl, li leve moral yo. Li kwè edikasyon ka fè yo genyen plis kwayans nan Bondje tou. Kèlkilanswa chanjman an (sosyal osnon ekonomik), Mimi mete nan tèt li se sou ban lekòl li kòmanse. Li pa te ale lekòl; men, li wè ki sa li te ka ye si li te genyen yon chans. Yon ti chans sèlman! Pawòl la di: «Edikasyon fè moun vin saj». Mimi kwè nan sa. Li ap fè tout sa li konnen pou aplike li nan lavi pitit li yo. Li prefere mache pye atè, ak yon wòb chire pyese sou li, pou fè edikasyon yo.

Fòk Marechal la bay ti Jan yon malèt ki genyen tout sa li va bezwen pou dire li twa mwa. Ti Jan bezwen dra, sèvyèt, savon, pat, bwòs dan, dezodoran, elatriye… Pifò moun andeyò pa genyen mwayen pou fè preparasyon konsa. Alòs moun tankou Marechal Mimi yo, paske krab la pa te gra, e li te chaje lòt timoun. Men, ak gras Bondje, yo demele yo jan yo te kapab pou ka voye ti Jan ale fèmen nan pansyon Jivena.

## TI JAN ALE NAN KAN OKAP

Anvan ane lekòl la kòmanse, frè yo toujou òganize yon kan vakans. Nan ane 1982, kan sa a te fèt nan vil Okap. Se te mwayen pou nouvo timoun yo ak ansyen yo te ka kontre youn ak lòt. Konsa, yo va kòmanse konprann lavi kominote a. Yo te apral pase kenz jou ansanm, se te nan mwa dawou. Se nan kan sa a, ti Jan rankontre pou yon dezyèm fwa ak idòl li, frè Milo. Nan epòk sa a, li te ap prepare li pou antre nan novisya. Se dènye etap anvan yon pòstilan vin yon chèfrè pou tout bon. Frè Milo mil fwa pi saj pase jan ti Jan te wè li anvan an. Yo menm fè foto ansanm. Se te yon gwo onè pou ti Jan. Li te santi li fè foto ak yon sen. Foto sa a, jouk jounen jodi a, sere nan bwat sekrè frè Milo, dapre sa li di ti Jan. Se konsa, gen moun depi nou wè yo, nou ka santi sa yo ye, ak sa ki nan kè yo. Pandan lontan ti Jan chita ap reve ki lè li ap vin tankou frè Milo pou tout bon, yon limyè pou sila yo ki pi piti. Nan kan sa a, yo montre timoun yo kòman pou yo fè travay atizanal ak anpil jwèt. Sa ti Jan te plis renmen se te jounen pwomnad yo nan lanmè Labadi, nan Sitadèl, palè San Sousi, Milo, elatriye…

Vil Okap lè sa a te bèl anpil. Antre vil la, Baryè-
Boutèy, te byen kòkèt menm jan ak yon jenn fi
ki ap tann anmore li dimanch apre lamès. Nou
te ka santi ki sa sa te vle di, lè yo di yon moun
tankou jeneral Tousen Louvèti, yo remèt li kle
vil sa a. Sonje tou, pandan lagè endepandans
peyi d Ayiti, vil Okap se te kapital peyi a. Se la
sitwayen tankou jeneral Lavo, Sonntonaks,
Edouvil, Woum ak Pòlverèl... te tabli yo pou
rapòte bay peyi Lafrans, sa ki te ap pase sou tè
nou an. Gras ak kan sa a, timoun yo aprann
anpil detay sou istwa peyi d Ayiti. Timoun ki
soti lòt kote nan peyi a te genyen chans
rankontre fasafas ak istwa yo ap aprann nan liv
yo. Nan sistèm edikasyon nou an pa genyen
anpil klas ki te reyèl. Apre syans natirèl, vizite
yon sit istorik te bay aprantisay istwa d Ayiti
anpil enpòtans pou nou. Anpil nan nou pa te
vle kwè nou te ka vin an kontak dirèk ak istwa
nou konsa. Vizit sa a nan vil Okap te fè gwo
enpak sou ti Jan ak sou fason li te apral anbrase
istwa d Ayiti.

Lè kan an fini, tout moun tounen lakay fanmi
yo. Yo kòmanse prepare rantre nan Jivena pou
tout bon nan mwa septanm. Lè lè a rive pou  ti

Jan ale, se pa de difikilte Marechal la te genyen. Li pa te ka rasamble zèfè ti Jan yo. Menm malèt la yo pa te genyen. Se nan yon valiz sak Mimi mete tout zèfè ti Jan pou li ale. Nan apremidi, anvan jou pou li ale Pòtoprens lan, ti Jan te ale dòmi kay msye Pyè ki abite Kadad. Msye se gran frè frè Milo. Madan Pyè, ki se yon moun bon kè, chanje valiz sak ti Jan an pou yon lòt valiz. Se te patisipasyon pa yo nan leve tèt ti Jan, tèt Marechal la, epi tèt moun Lavale tou. Ti Jan genyen anpil respè ak rekonesans pou fanmi sa a. Byen yo fè pou ti Jan an, li pa genyen mwayen pou li ta remèt yo li. Li pote li nan kè li pou yo. Si ti Jan ka sonje sa apre tout ane sa yo, sa montre nou aklè longè rekonnesans li genyen pou msye ak madan Pyè jouk jounen jodi a.

## TI JAN PRALE PÒTOPRENS

Nan demen maten, ti Jan pran machin pou Pòtoprens. Li prale avèk yon lòt timoun ki pral fè frè tou. Men, timoun sa a te gentan pase yon ane nan Jivena deja. Se li ki genyen chaj pou mennen ti Jan Pòtoprens. Lè yo rive sou gwo bitasyon sa a nan Boudon, se te tankou yon mèvèy. Kay la gwo, gen gazon, bèl pyebwa, pye kokoye, pye palmis, pye mango, bèl flè adwat agoch. Se premye fwa nan lavi ti Jan li ap viv nan yon espas konsa. Tout bagay anndan an sanble ak paradi. Gen yon silans total ki kouvri tout pwopriyete a. Gen yon bèl chapèl ki envite nenpòt moun nan pou ta fè yon antre vin di de mo ak Bondje. Se kòm si Bondje mare bouch tout kretyen vivan pou yo pa twouble lanati. Epi, se sèl ti zwazo yo nou te ka tande ki ap chante lwanj pou li.

Lavi ti Jan gentan chanje lè li gade trankilite lespri li pral jwenn nan paradi sa a. Li pran yon gwo souf, epi li remèt nanm li bay papa Bondje. Se konsa, ti Jan pral kòmanse mennen lavi li pou li ka vin yon chèfrè. Li gentan ap mete tèt li nan plas frè blan Lavale yo ak lòt kote ki ka bezwen sèvis li. Ti Jan pral genyen chans li pou vin tankou idòl li, frè Milo. Sanble tout *je vous salue Marie, notre père, acte de contrition* li te konn ap resite yo, pral mennen li pi pre syèl la. Se dezyèm fwa nan lavi ti Jan, li ap rankonte ak lòt timoun ki soti toupatou nan peyi a. Yo soti Gonayiv, Senmak, Kan Peren, Wanament, Jakmèl, Lenbe ak Plezans. Gen yo katòz antou nan klas sizyèm nan. Pandan premye jou yo, frè yo te pale ak tout moun sou prensip kominote a. Se tankou yon konstitisyon tout moun te genyen pou yo etidye. Travay nan klas yo te genyen anpil enpòtans. Se pou sa, yo kreye yon anviwònman ki te ankouraje sa. Lè vandredi apremidi, tout timoun pase dezèdtan nan fè travay ak men yo. Chak samdi, yo ale benyen nan pisin. Yo sèvi twa bon repa chak jou ak yon kolasyon kèk fwa. Se petèt moun ki nan klèje nan peyi d Ayiti sèlman ki manje byen jan moun sa yo manje.

Nou te toujou okipe; men, sonje tou, timoun nan klas ti Jan yo, se sèlman douzan yo genyen sou tèt yo. Yon desizyon konsa ki pral dire tout lavi yo, nou ap mande tèt nou èske yon timoun douz an te ap ka kenbe konpa sa a?

Ti kòb paran yo te ap peye a pa ta fouti peye
pou tout swen ak sèvis timoun yo te jwenn.
Malgre sa, paran tankou Marechal la, ki chita
Lavale ap veye sezon pa te ka jwenn ti
kotizasyon an pou voye li chak mwa Pòtoprens.
Nou ka imajinen ki kantite enèji ak resous ki
envesti nan edikasyon timoun sa yo.
Malerezman, pa gen youn nan katòz timoun ki
te ansanm ak ti Jan yo ki rete pou fè premye ve
li. Frè yo fè yon pakèt tan ap fonksyonen konsa.
Yo pa janm reyalize erè yo fè nan prepare
nouvo frè yo. Kontrèman ak jan lekòl nou yo
fonksyonen nan peyi d Ayiti, timoun ki te nan
Jivena yo, se te wòch nan dlo. Pou yon timoun
tankou ti Jan ki soti andeyò Lavale, kote se kòk
kalite ki ap bay lè pou moun leve, se nan paradi
li te ye pou tout bon. Chak dimanch apremidi,
frè yo mennen timoun yo nan pwomnad a pye.
Gen lòt fwa, se nan yon gwo bis pejo yo
menmen yo ale vizite lòt kote. An reyalite, lavi a
te bèl. Men, se pa sa sèlman kretyen vivan
bezwen pou yo viv, sitou timoun ki nan laj sa a.

Pandan 2 an, ti Jan fè tout sa li te kapab pou li
te respekte volonte frè yo ki te responsab li. Sa
te apral chanje. Ti Jan te genyen yon pwoblèm,

li pa te sipòte moun ap dirije lavi li nèt ale. Nan Jivena, se konsa sa te ye. Yo di timoun yo ki lè pou yo kouche ak ki lè pou yo dòmi. Yo menm kontwole apre konbyen tan dòmi dwe pran yo. Se te prèske tankou wobo yo te fonksyonen.

Lè pou timoun yo ale benyen, se yon sonèt ki anonse yo pou yo vini kanpe devan douch la. Lè frè a sonnen li yon dezyèm fwa, yo antre nan douch la, yon son pou yo louvri dlo a, yon lòt son pou yo fèmen li pou yo ka savonnen kò yo.

Ti Jan se yon timoun obeyisan; plis, li renmen disiplin, donk sa pa te nwi li pase sa. Li respekte tout moun. Li pa ap manke grandèt dega. Nou konnen, se pitit Marechal la, ki ta dwa li?

Pou yon moun vin frè, genyen twa règ kle pou aksepte:

1. Ou pa dwe marye.
2. Ou dwe dakò pou viv tankou yon pòv.
3. Fòk ou obeyi otorite san pale.

Men, ti Jan genyen karaktè. Se nan kay kote li leve a ak moun ki devan li chak jou yo li pran sa. Moun nou ye jounen jodi a gen pou wè ak jan paran nou leve nou. Se ak rès yo nou fèt, nou sanble ak yo, e nou ap gen pou nou aji menm jan ak yo nan pifò kondisyon nou ap twouve nou. Se sa ki fè nou ka di: timoun resevwa levasyon kay paran yo; men, yo resevwa edikasyon lekòl. Ti Jan pa te gen pwoblèm ak de premye prensip yo. Men, twazyèm nan, «obeyi san pale» a pa te fin fè sans pou li.

Se konsa, li te kòmanse ap manifeste kont sa li pa renmen an.

Frè direktè a, se te yon nonm ki te koryas anpil. Sanble li te kwè nan pèfeksyon. Li te ap wè si li te ka anseye ti Jan ak lòt timoun yo lasajès ak imilite. Ti Jan pa te fin dakò ak sistèm nan. Fason frè a te preche yo pou yo te vin saj la pa te fin ankouraje devlòpman fòs pèsonalite lakay yo. Frè a te vle kraze moral ak karaktè timoun yo pou yo te ka viv dapre prensip enstitisyon an. Li te pran plezi nan seye fè yo dakò yo koupab afòs li entimide yo. Tout sa, nan non imilite ak obeyisans je fèmen. Sa a, se youn nan twa règ sakre enstitisyon an. Nou konnen gen timoun ki ap dakò sèlman paske se yon blan.

Yon blan! Ki dwa yon timoun nan epòk sa a pou li ta gade li nan je, alewè pou li ta di li sa ki nan tèt li? Dayè timoun pa te moun, yo pa te gen dwa, tankou anpil timoun jounen jodi a ki se restavèk.

Nou ta dwe espere plis limyè nan men entèlektyèl relijye sa yo. Antouka, se kretyen vivan menm jan ak nou yo ye. Se vre, yo soti nan peyi ki pi devlope pase Ayiti; men, ta sanble yo pa te pi avanse pase sa. Gen timoun ki pa genyen karaktè pou aksepte tout bagay. Enben, ti Jan te youn ladan yo. Lè frè a ap pini timoun yo, li rele yo nan direksyon an youn pa youn. Gen yon pakèt limyè ki limen nan biwo li a. Se tankou yon sèn sinema nan prizon Fò Dimanch. Li mande pou timoun nan gade li nan je lè li ap pale. Imajinen yon timoun andeyò, yon blan je vèt mande pou li gade li fiks nan nawè li, pannan tan sa a, li ap repwoche li sa li te fè, oubyen sa li pa te fè. Anpil timoun te konn soti ak dlo nan je yo tank li kraze eskanp moral yo. Nan kraze moral la, frè a tou kraze sa timoun yo ye kòm moun. Yo te rele seyans entèwogasyon sa yo «Koyibasyon».

Si genyen anpil timoun ki te vle vin fè frè akòz Milo; genyen anpil ki kapab te kite akòz frè direktè a.

Ti Jan panse chaje timoun ki pa te rive frè akòz frè sa a. An nou di, se pa te fòt frè a, se fòt sistèm nan. Se pou sistèm nan li te ap travay tankou anpil ekspè ki ap travay pou yon sistèm ki ap toupizi malere. Anpil lòt jivenis pataje opinyon sa a. Nan je anpil moun, frè sa a te yon diktatè. Men, timoun ki te genyen vokasyon pou tout bon yo pa te gentan pou wè pwoblèm sa yo. Pou ti Jan, se laj ki fè yon moun vin saj. Kanta pou imilite menm, se nan ou pou li ye. Antouka, ti Jan pa te genyen imilite pou aksepte sa li te wè nan peryòd sa a nan enstitisyon an. Ti Jan kòmanse ap plenn nan kè li kont sistèm nan. Men, li pa te kite lòt moun santi sa. Pa te gen mwayen tou pou moun te fè lòt moun konnen sa ki nan kè yo. Pa te gen ni podyòm, ni pòtvwa, ni odyans pou bagay konsa. Se kenbe la jouk ou pa kapab ankò. Jou ale, jou vini, yon bon jou vòlkan an va esploze.

Nan Jivena, sa nou ye kòm kretyen vivan, valè nou ak pèsonalite nou dwe disparèt. Nou dwe fè plas pou sa yo vle nou ye a: «Yon zouti pou ale sèvi lasosyete nan kondisyon ki pa toujou fasil». Ti Jan respekte sitwayen ki genyen kouraj pou sipòte tretman yo te resevwa pandan tan yo te pase nan Jivena a.

San frè yo pa rann yo kont, yo fòme yon pakèt diktatè ki genyen gwo pozisyon nan sosyete a, e yo ap toujou nan gwo pozisyon. Rive mache sou zòd yon siperyè ki genyen menm tit ak nou mande anpil sajès ak imilite. Lè se nou-menm ki siperyè a, li dous; men, lè se yon lòt... Houm!

Bri dezakò ak rebelyon nan mitan yo gen dwa pa soti nan lari; men, ki kretyen vivan ki ka fè tout lavi li konsa? Kòm se papa Bondje ki chwazi yo; ki donk, yo pa gen lòt chwa. Mesye sa yo pa sou menm planèt ak tout moun. Lè yo an kontak ak moun ki pa konnen sistèm pa yo a, yo mal pou konprann yo. Pou konbyen tan sistèm sa a te apral kenbe?

## TI JAN AP PLENN NAN KÈ LI

Lè pap Jan Pòl 2 te vin ann Ayiti, 9 mas 1982, se te yon gwo moman pou tout katolik. Frè yo mennen tout jivenis yo nan kay ansyen yo pou yo ale gade pap la nan televizyon ki ap chante yon mès. Se premye ak dènye fwa seri timoun sa yo te ap wè televizyon pandan tan yo te ap pase anndan an. Espas kote televizyon an te ye a te fè cho. Tout moun ap plede mete ajenou sou ti grenn wòch ki te atè a pandan tout mès la. Bagay sa a, se te yon pinisyon konsyans ak kòporèl pou jenn moun sa yo. Frè yo genyen pantalon long, yo pa santi doulè mete ajenou an menm jan ak timoun yo.

Anwetan disiplin bout fè ki te genyen nan sistèm sa a, lòt bon souvni anpil timoun te ka genyen se te prezans pè Abis. Li te reprezante Bondje pou tout bon bò kote timoun yo. Li te toujou jwenn mo ankourajman pou yo ki makònen ak blag. Lè yon timoun pral kontre ak pè a, li toujou ap eseye mare min li pou li ka parèt serye. Men, nan moman timoun nan plis pa atann, li ap di kichòy ki pou fè li pete yon gwo kout ri. Pè Abis pa ap manke fè timoun yo santi se timoun yo ye. Se te yon bon pastè. Li te konnen tou, si li fè yo ri, yo ka tonbe nan gwo pwoblèm ak frè direktè a.

Ri ak pè a, se te yon peche tout moun te dwe fè jèfò pou evite. Sou rejim sa a, pa te gentan pou moun ri. Ti Jan te renmen pran plezi ak pè Abis lè li ale konfese. Akòz kèk resanblans ti Jan sanble li te genyen ak Monsenyè Pichon, pè Abis te rele li «Petit Pikon». Men kijan sa te konn kòmanse. Pè a chita li ap tann. Ti Jan parèt byen serye, li mete ajenou, epi li kòmanse:

- Bonswa monpè.
- Houm! Petit Pikon, ki krim ki mennen ou la a?
- Monpè, mwen mande ou padon pou peche mwen yo.
- O! peche! Ki peche? Mwen panse ou te yon sen wi. Fò mwen di frè direktè a sa pou ou.
- Non. Mwen pa yon sen non monpè.
- Mhoun! Mwen ka pa padonnen ou, men Bondje ap padonnen ou li-menm. Mwen ap koute ou, ki krim ou fè?
- Mwen te ri avèk monpè sou lakou a.

- Ou konnen kichòy *Petit* Pikon? Koute mwen byen. Disparèt devan mwen an, ale fè yon peche pou ka vin konfese pita. Mwen ap tann ou.

Lè konsa, yo tou de tonbe ri. Li pran yo yon ti tan anvan pou konfesyon an kòmanse pou tout bon. Se te jis pou ka ban nou yon lide ki moun pè Abis te ye. Pa gen yon timoun ki te Jivena ki pa sonje li. Apre kèk tan, ti Jan te ekri li pou di li mèsi pou bon kè li ak pou moman griyen dan sa yo. Ak anpil kè kontan malgre laj li, li te ekri yon repons ki sere nan bwat sekrè ti Jan kounye a.

Gen yon lòt frè tou, tout moun te wè li tankou yon sen ki vivan nan mitan yo. Li se yon pèsonaj ki genyen yon karaktè dwòl. Timoun pa te ka fè diferans ant lè li ap ri ak lè li fache. Vizay li pa te di ki sa ki nan tèt li osnon nan kè li. Lè li ap ri, sa pa te toujou vle di se kontan li kontan. Gen dwa se konsa sen yo ye!

Ti Jan mande Bondje padon pou tout peche li fè. Li ap mande li padon tou, si jamè sa li di la yo ta ofanse li. Anpil fwa, li konn ap mande si frè direktè sa a pa te genyen yon pwoblèm ak moun ki pa te menm koulè ak li. Men, ki dwa nou genyen pou nou jije frè ak sè nou yo? Nou pa Bondje!

Pandan tout yon trimès, timoun yo dekonnekte ak peyi a. Yo pa janm konnen sa ki ap pase dèyè baryè Jivena a. Se sèlman lè yo rive nan klas twazyèm, yo ap kapab wè lari lè yo ale lekòl nan Senlwi Gonzag ki nan Dèlma 33. Sèl nouvèl yo ka genyen, se si yon moun nan fanmi yo mouri. Yo pa te ka gade televizyon, ni yo pa te ka tande radyo. Pa te gentan pou bagay konsa tou.

Blan yo di yo te pote sivilizasyon ban nou; men, pa te gen plas pou diskisyon ak refleksyon sou sa. Sa pa te anpeche kèk grenn nan nou te itilize san nou kòm lank pou ekri sa ki te nan kè nou. Kwak yon gwoup nan nou vin chwazi pou sèvi Bondje san gade dèyè, yo pa te vle nou an kontak ak sa sivilizasyon an pote.

Sa te fè pati disiplin ki te kle nan aktivite anndan yo. Se yon sistèm ki korije anpil moun, epi ki drese lavi anpil timoun ki pase ladan. Li difisil pou yon timoun ki soti nan sistèm sa a vin yon delenkan. Men, kanta pou yon diktatè, pa gen manti nan sa pyès. Yo prepare yo pou obeyi tout lòd yo resevwa nan men siperyè yo. Men, lè yo nan pozisyon pou bay lòd tou, moun pa ka leve je gade yo.

Sonje ti Jan te di nou frè direktè a renmen pèfeksyon. Aprè 2 an, li di frè yo li pa ap ka kontinye paske li pa santi li ka kenbe ankò. Li fè valiz li pou li ale jwen fanmi li Lavale. Youn nan frè yo mennen li ale. Marechal Mimi pran nouvèl sa a tankou yon kout zèklè. Se prèske menm jan ak lè li te wè ti Jan parèt sou li, jou madi madmwazèl la te di li: *Au revoir* a. Marechal la viv moman sa a yon lòt fwa ankò. Kè li ap chire; men, tankou pawòl la di: «Nou ka fòse bourik travèse dlo; nou pa ka fòse li bwè dlo». Li aksepte desizyon ti Jan an ak kouraj, san plenyen.

Malgre tout sa nou sot tande la a, ti Jan pa ka detache nanm li ak enstitisyon sa a jouk jounen jodi a. Se te yon moman ki te difisil anpil pou ti Jan. Li pa te jwenn sipò pou ede li travèse move pas sa a. Marechal Mimi ak Blan pa te konn kijan pou yo jere ka ti Jan an tou. Se sèl yon moun ki te pase nan chemen sa a ki ka di nou ki sa sa vle di. Avèk èd frè ki te pwokirè a nan epòk la, ti Jan antre nan Jivena Sakrekè Kafou a pou kontinye ak lekòl li.

Se yon lòt batay ki kòmanse pou Mimi ak Blan. Kòman yo pral fè pou peye lekòl ti Jan? Non sèlman ti Jan, e lòt timoun yo? Paske kounye a se biznis, pa gen ni moun pa, ni lacharite nan peye lekòl sa a.

Ti Jan chita ak paran li yo pou esplike yo rezon ki fè li kite Jivena a. Pou Blan, se paske se yon vakabon li ye. Pou kantite kòb li fè li depanse pou afè frè sa a, li pa ta fè yo sa. Li se yon wont pou yo ak pou fanmi an. Nòmalman si yo pa te bon kretyen, yo te ap di se detounen yo detounen ti bonnonm nan.

Yon batay ant ti Jan ak papa li demare menm kote a. Batay sa a prale lwen, li pa ap janm fini. Lavi di ap toumante moun yo, pwoblèm ekonomik ap kale Blan. Kon sa, li pral jwe sou sa pou dekouraje ti Jan ale lekòl. Li pa ka peye ankò; men kòm papa, li pa genyen kouraj pou li ta di pitit la sa. Atitid sa a se yon lòt karaktè ki montre nou Blan se pa nèg ki ap bat ba devan responsablite li. Men, li pa te genyen kouraj tou pou chita pale ak pitit gason li an pou di li laverite. Pa genyen anpil paran ayisyen ki ka fè ti sakrifis sa a, pou yo ta pale ak pitit yo sou sitiyasyon ekonomik yo. Yon papa ki rele papa tout bon vre pa ap janm santi li alèz lè li wè li pa ka bay pitit li manje. Li ap pito rete bèbè. Ki fè, depi se move mès ki nan Blan, li montre  ti Jan yo.

Blan pral fè ti Jan monte lesyèl pa do. Ti Jan pa konnen ki mal li fè li ap peye. Lè li pa jwenn  ti Jan, li pase raj li sou Marechal la ki li-menm tou pa konn sa pou li fè. Alòs, raj la se move mès. Blan se pa yon nonm ki te nan joure madanm li, ni leve men sou li. Blan te respekte fanmi li. Pa gen yon pi bon mari osnon yon pi bon papa pase li. Men, nan lavi gen moman ki dous, gen lòt ki anmè kou fyèl. Se te youn nan moman sa yo pou Blan. Lòt pwoblèm nan, ti Jan pa genyen anyen ankò li ka itil. Li pa konn travay tè; ki donk, li pa ka ede Blan nan travay jaden. Blan pou kont li pa te renmen travay tè. Li te toujou genyen yon pakèt jenn gason lakay li pou ede li nan  travay tè ak okipe bèt.

Ti Jan lage, de bra pandye, tankou yon ti inosan Pòtoprens. Li pa genyen yon moun li ka esplike sa ki nan kè li ak sa ki nan tèt li. Kòm nou-menm Ayisyen, nou pa genyen abitid touye tèt nou, se youn nan moman kote yon timoun te ka konsidere sa. Se sèl Bondje ki konnen sa ki ap pase nan tèt ti Jan. Li pa ap pale, ni li pa genyen moun ki pou tande li tou si li ta vle pale. An nou pa pale twòp sou sa. Li pral atake lavi Pòtoprens, fwa sa a pou kont li. Pa gen lòt jan pou yon moun pou kont li ankò.

Ti Jan ap desann kay tonton li Pòtoprens, se kay frè Marechal la. Li ap manje, li ap bwè, li ap dòmi; men, timoun bezwen plis pase sa pou yo viv, sitou nan laj ti Jan ye a. Tout kondisyon yo te reyini pou li te pran move direksyon nan lavi a. Li fasil pou li ta vin yon delenkan oubyen nenpòt ki lòt bagay. Li te viv ak timoun nan vwazinay li ki te nan dwòg. Li te menm ale ak yo nan yon ti kay kote yo ap fimen mariwana. Yo ofri ti Jan; men, li pa te janm eseye sa menm yon grenn fwa. Li ale yon sèl fwa nan ti pyès kay sa a, apre sa li te wè, li pa mande tounen ankò. Li tou deside pou li pa kontinye zanmitay ak mesye sa yo. Li depoze kamarad sa yo atè tou dousman.

Gen anpil chemen ki te ka mennen li nan pèdisyon; men, ti Jan reyalize se sèl chemen lekòl ki ka louvri pòt lasosyete pou li. Majorite timoun sa yo pa te ale lekòl. Yo genyen paran ki nan peyi etranje ki ap voye lajan ba yo chak mwa. Anpil nan yo te sou rezidans, yo te ap danse elektrik pito. Pifò timoun nan zòn nan ki te soti andeyò yo te ap okipe zafè lekòl yo. Men, kèlkilanswa kondisyon an ti Jan dwe ale lekòl pou li fè filo. Se sa Marechal la te montre li. Apre sa, lavi a va mennen li kote li vle a. Pa gen anyen ki te ap anpeche ti Jan fè filo, pa gen anyen ki te garanti li ap rive fè filo tou. Timoun ki pase nan lakou kay Marechal la pa ka fè nenpòt ki bagay. Gen yon liy pou swiv nan respè karaktè moun kote ou leve a. Ti Jan pa ap jwenn pi plis pase moso manje ak yon kote pou li dòmi. Li pou kont li, li pòv, li tris, li pa lakay li, li pa genyen zanmi, paran li yo pa konprann sitiyasyon li, epi se pa fòt yo. Pyès nan yo pa te jwenn chans ti Jan genyen nan lavi. Ti Jan ta swete sa pa janm rive youn nan nou timoun paske li di anpil. Men, se lavi!

Anpil timoun Lavale ki kite paran yo andeyò pou ale etidye Pòtoprens osnon lavil Jakmèl kontre bab pou bab ak sitiyasyon sa a. Ti Jan pa te premye, ni li pa ap dènye timoun ki pase nan chemen sa a. Ki sa ti Jan pral fè pou li ka viv? Kilès ki ap peye lekòl li? Kilès ki ap zanmi ti Jan? Kilès ki ap konprann li? Ki moun ti Jan ka pale pwoblèm li? Tout sa yo se kestyon ki kontinye ap bouyi nan mwèl tèt malere a.

## TI JAN NAN PWOBLÈM

Ti Jan pa te yon move timoun, li pa te yon move elèv tou. Li travay trè byen lekòl. Tout pwofesè yo te konnen li. Men, kou lè mwa lekòl la rive pou li te peye, pwoblèm li te kòmanse. Premye timoun pou direksyon an rele pou ale lakay li pou zafè lajan, se te ti Jan. Kote ti Jan te apral jwenn ak lajan sa a! Sa fè, li kòmanse ap sote jou lekòl. Premye senmenn nan mwa a, li konnen pou li pa ale lekòl, paske yo ap voye li tounen. Mwa konn pase anvan pou tonton ti Jan ba li douz pyas pou li ale kote Blan ak Marechal la dèyè kòb lekòl la. Lè konsa, prezans ti Jan konn kreye pwoblèm nan mitan Mimi ak Blan. Yo genyen twòp sou tèt yo. Blan kòmanse pa kwè nan zafè lekòl la ankò pou tout bon. Li koute twòp kòb, li bay twòp tèt fè mal. Mete sou sa, li pa wè sa li ap rapòte li vre. Men, Marechal la pa janm dekouraje.

Frè ak sè Blan yo vin kòmanse ap fè ti pil gwo pil sou do Marechal la. Yo kwè li ap fè Blan egzijans pou li lonje men li kote li pa ka rive. Men, sa pa te fè Marechal la pè. Nou wè kote li soti ak ti Jan, se pa kounye a pou li ta dekouraje. Lè ti Jan pa ka jwenn lajan pou li ale andeyò, li konn voye lèt bay paran li yo pou mande kòb lekòl la. Dèfwa, se Blan ki resevwa lèt la. Lè li rive lakay, li lonje li bay Marechal la pou di li: «Men chèk pitit ou voye pou ou». Marechal la vin yon lòt moun tou, paske lavi a te ap fè li wè tout koulè.

Blan te vin fè yon gwo maladi kote li te tou pre lanmò. Marechal la vin dou tankou yon mouton. Men, li pa janm bandonnen aktivite sosyal yo. Tout timoun kontinye ale lekòl. Nan peryòd sa a, lamizè te ekri ak gwo lèt nan figi ak nan do Marechal la.

Si lamizè ekri nan do ak nan figi Marechal la, li pa ap pa parèt nan figi timoun yo. Malgre jan lavi a di, Marechal la pa janm dekouraje. Sonje, li pa moun zòn nan. Se yon moun vini li ye. Se konsa, moun zòn nan rele li dèfwa pou yo ka imilye li. Men; li te kwè, pa gen lapriyè ki pa gen amèn. Li wè limyè a, li ap mache jouk li rive kote li ye a. Li kontinye ap goumen pou voye tout pitit li yo lekòl. Mimi pa te ale lekòl se vre;

men, li itilize malchans li pou li konstwi karaktè pitit li yo ak edikasyon.

Ti Jan te apral rekonnèt byen bonè, se nan men li, demen li ye. Si li vle yon demen miyò, se pou li demele li kou mèt Jan Jak pou li kontre kòn li ak lavi a. Plis nou goumen pou nou vin kichòy nan lavi, se plis nou bay tèt nou valè. Marechal la ak lavi se sèl kado Bondje te bay ti Jan.

Pandan ti Jan ap goumen pou fè dlo tchimen Pòtoprens, Marechal la te ap demele li ak lòt timoun yo Lavale.

Ti Jan fè ladesant kay tonton li Kafou. Se pa moun yo ki ka konprann ti Jan nan sa li ye a. Se pa vle yo pa vle; men, yo pa prepare pou sa. Anplis, yo genyen pwoblèm lavi ak fanmi pa yo pou yo okipe. Ti Jan pa moun ki ap di moun sa ki ap pase nan kè li. Menm si li ta vle esplike yo, se pa sèten yo te ap konprann li tou. Tout pwoblèm sa yo rete sou kòtòf lestonmak li. Te gen de medam ki te abite nan kay la ki te ap travay nan faktori. Yo te ap ankouraje ti Jan pou li ta vin travay nan faktori a tou. Konsa, li ta ka ede tèt li ak manman li ak timoun yo. Se te yon

bon konsèy; men, pa pou moun tankou ti Jan ki
genyen gwo rèv fè filo. Timoun, ki laj nou
panse ti Jan te genyen? Sèzan  wi.

Sonje nou te di pi wo nan istwa a, ti Jan se yon
moun ki genyen karaktè. Se pitit Marechal la, li
konnen sa li vle. Li kwè nan tèt li menm jan ak
Marechal la. Ti Jan kwè delivrans li se sou ban
lekòl li ye. Si li fè klas filo, li kwè li ap genyen
plis chans nan lavi li. Dapre sa ti Jan li nan liv,
chans se kalfou kote preparasyon kontre ak
opòtinite. Li pa pran nan priyè, li kontinye ale
lekòl pou prepare avni li. Ti Jan ale lekòl jou li
kapab, senmenn li kapab, mwa li kapab. Ki vle
di, lè lekòl la pa peye, li rete chita lakay li. Lekòl
ti Jan pa te janm peye; ki fè, menm kanè li pa
janm pran. Men, direksyon lekòl la toujou ba li
chans pou li konpoze. Li te toujou pase
egzamen yo. Sitiyasyon ti Jan an pa te yon sekrè
pou pyès moun nan lekòl la.

Ki mal ti Jan te fè pou li pa te ka chita lekòl pou
li aprann menm jan ak tout timoun? Piske
sitiyasyon voye elèv tounen lakay yo a la toujou,
sa montre nou edikasyon se yon privilèj, li pa
yon dwa. Timoun, si nou genyen chans pou nou

ale lekòl, pwofite! Tout pwofesè yo te ka wè kalite ti Jan kòm yon elèv; men, yo te wè li genyen pwoblèm nan tout tou kò li.

## PWOBLÈM TI JAN REZOUD

Gen yon pwofesè ki te anseye fransè nan lekòl la. Lè li te nan yon laj, li te panse li te genyen vokasyon pou li te vin yon pè. Li te antre nan seminè, epi, apre yon ti tan li te kite menm jan ak ti Jan. Sa vin konnekte ti Jan ak pwofesè sa a. Li resi jwenn yon moun li ka pale. Ti Jan esplike li nan ki sa li ye. Li pwomèt ti Jan li ap ede li, paske li te pase moman sa yo tou. Pou kòmanse, li bay ti Jan ti kòb pòch. Apre sa, li ale kote direktè a pou mande yon bous pou ti Jan.

Gras Bondje, direktè a asekpte bay ti Jan bous la. Se pou Bondje beni nanm pwofesè sa a. Men kòman ti Jan fin fè rès klas segondè yo nan Jivena Kafou a. San èd pwofesè sa a, kafe ti Jan te ka koule ak anpil ma.

Relasyon ti Jan ak Blan pa janm amelyore. Yo pa ènmi, ni yo pa te bon zanmi. Lè ti Jan vin pase de jou vakans, se te chen ak chat. Se yon sitwayen ki te rele Lerès Loti ki te konprann timoun ki te toujou ap fè Blan moral. Li te ba li konsèy sou ki jan li ta dwe boule ak ti Jan. Lerès di Blan pou li pa bay ti gason an twòp pwoblèm

lè li vin pase de jou vakans. Lerès te vin bon
zanmi ti Jan tou. Se tankou yon papa li te vin ye
pou li. Yon lè, ti Jan te ale pase de twa jou
vakans ak paran li yo, Blan te ofri li pou li touye
yon kabrit pou li. Ti Jan di li, non mèsi, sa li plis
bezwen se yon relasyon papa ak pitit. Blan pa te
kontan, paske li pa te konprann sa ti Jan te ap
mande li a. Apre sa, relasyon yo te vin pasab
paske se lajan lekòl la ki te lakòz tout pwoblèm
sa yo, ant ti Jan ak papa li.

Ti Jan fè zanmi ak *Lyncée* depi premye jou li
antre Jivena Kafou a. Se yon nèg Okay, nèg afè
pa bon menm jan ak li. Yo rete byen jouk
jounen jodi a. Nan je pa lòt elèv yo, *Lyncée* ak ti
Jan te de ti kongo. Yo te konprann youn lòt san
pwoblèm. *Lyncée* sipòte ti Jan jan li kapab. Se li
ki pou di ti Jan sa ki ap pase lekòl la, lè
direksyon an voye li tounen pou lajan. *Lyncée* te
ap viv ak manman li, sè li yo ak yon frè li
Pòtoprens. Sa pa te pi bon pase sa pou li; men,
devan ti Jan, se yon wa li te ye. Li te chaje ak
moun ki pou ede li. *Lyncée* te konn genyen ti
kòb pou li ale nan ba lekòl la lè yo bay
rekreyasyon. Si jodi a, li achte yon kola ak yon
pen bere, demen li pran yon ji sitwon ak yon

pen ak manba, epi apre demen yon akasan ak yon pen chèch. Pa te gen ipokrizi, pa te gen egoyis, *Lyncée* te separe nenpòt sa li achte ren pou ren ak ti Jan. Se vre, sa te fè ti Jan plezi; men, li te toujou vle fè yon jès ak *Lyncée*. Podjab ti Jan! Ki kote malere a te apral jwenn ak kòb sa a? *Lyncée* te konprann tout pwoblèm ti Jan, menm jan ti Jan te konprann tout pwoblèm li. Nan tout sa, malgre tout difikilte yo te kontre, lekòl la te toujou rete pi gwo priyorite yo. Gen anpil lòt moun ti Jan te kontre Jivena tou tankou: Tinès, Djonn, Mariyanj, Jiwo, Dewòch, Meyi, Sengò, Dòki, Wagnè, Vil, Lekont, Winzò, Dikamèl ak yon latriye lòt jenn moun.Yo te plis konnekte ak sa ki te ap fèt Pòtoprens pase ti Jan ak *Lyncée*. Ti gwoup sa a te vin tounen yon baz solid. Yo òganize gwoup pou travay matematik ak fizik.

Se nan Jivena, kèk ane pi ta, ti Jan kontre ak Dit, ki se moun Lazil. Yo marye, yo genyen twa timoun. Yo pa janm bliye rasin yo. Se tankou nanm yo te antere andeyò Lavale anba frechè yon pye zanmann. Tout rèv yo se pou yo retounen ale viv, yon jou, kote lonbrik ti Jan antere a. Se de moun ki te fèt youn pou lòt.

## TI JAN GENYEN PARI A

Kouraj ak karaktè ti Jan pral louvri yon gwo pòt pou li. Tout sakrifis Marechal la te ap fè yo pa te pou granmèsi. Lè ti Jan ap fè segonn, gen yon mirak ki te apral chanje lavi li ak lavni fanmi li pou tout bon.

Pyebwa edikasyon pran tan pou li donnen; men lè li kòmanse, li pa sispann. Se pyebwa sa a Marechal la te plante nan jaden li. Se ladan li li kwè, enben li pral kòmanse rekòlte. Ti Jan te vin genyen kontak ak yon jounalis Radyo Nasyonal d Ayiti, ki te konn fè yon emisyon ki te pale sou «Yon Lavi Miyò». Tout moun te renmen tande emisyon sa a paske li te chita sou jenn moun ki ap chache lavi miyò. Jounalis la te mete ti Jan an kontak ak yon moun, epòk la, ki te ap travay nan *Teleco*. Moun sa a te vle ofri ti Jan kòb pou edikasyon li, ak ti lajan pòch. Kwak zafè ti Jan pa te bon, li refize òf la. Li di fonksyonè a, li pa santi li alèz pou pran kòb nan men li san li pa travay pou li.

Fonksyonè a te sezi. Li wè mizè ekri nan tout paj liv ti Jan te ap li a. Men, repons ti Jan an fè fonksyonè a wè onè ekri toupatou ak pi gwo lèt sou do liv la. Mo onè a kouvri mo mizè a. Trap de, li mande ti Jan èske li vle yon travay? Ti Jan di wi.

Sitiyasyon peyi a pa bon jounen jodi a, anpil moun pèdi diyite yo nan fè sa ki pa sa pou yo ka jwenn lajan. Men, ti Jan rete kwè gen anpil nan nou ki genyen menm fòs karaktè ak li. Li kwè tou, li pa premye, ni li pa dènye Ayisyen ki konn ki jan pou kenbe karaktè yo.

Ti Jan genyen 17 an kounye a. Li ap goumen ak lavi di Pòtoprens. Dlo li ap bat la resi pral kòmanse tchimen. Timoun ak jenn moun genyen onè ak diyite tou. Lamizè ka detwi moun; men, li pa ka detwi karaktè moun. Se vre, ti Jan nan malsite; men, nou ka wè tou, li pa te dèyè favè. Se pa sou ban lekòl yo aprann moun pou yo genyen karaktè ak valè sa yo. Se lakay nou, kote nou fèt ak grandi nou ranmase valè ak karaktè nou.

Demach te ap fèt pou ti Jan jwenn yon travay. Kèk senmenn apre ti Jan te kontre ak fonksyonè sa a, li te kòmanse ap travay nan konpayi telefòn peyi d Ayiti a. Li te yon operatè nan seksyon enfòmasyon.

Ti Jan ap travay! Sanble lè non yon moun se ti Jan epi li se pitit Marechal la, genlè se syèl la ki limit li. Ti Jan konnen sa li vle, anplis li ka reflechi tankou grandèt apre tout esperyans li fè nan aprann mizè lavi nan Pòtoprens. Ti Jan pa te genyen chans pou li te viv tankou yon timoun. Li se anplwaye ki pi jenn konpayi telefòn nan pase. Lavi ti Jan te kòmanse chanje pou tout bon.

Sa te siprann anpil moun. Yo pa te ka kwè sa ki te ap pase ti Jan an. Menm ti Jan pa te ka kwè sa ki te ap rive li a tou. Dayè, nou ka wè lavi li se yon liv ki chaje ak sipriz, sa pa siprann nou twòp, menm lè se yon mirak.

Yon ti tan apre ti Jan te kòmanse travay, bon samariten te fè li jwenn djòb sa a te apral kòmanse genyen pwoblèm. Kòm yo pa te zanmi pase sa, fonksyonè a pa te ka esplike ti Jan

pwoblèm li te genyen an. Li te vin santi sèl sa
pou li ta fè pou gen repo lespri li, se fè voye ti
Jan ale menm jan li te fè pran li an. Ki sa malere
te fè? Anyen! Anplwaye sa a se yon bon
samariten Bondje te mete sou wout ti Jan pou
akonpli yon misyon. Bondje pa te ap kite
nenpòt bagay rive ti Jan paske li genyen yon
misyon. Se ti Jan ki pou wete rès fanmi li nan
sitiyasyon difisil yo ye a. Tout rèv Marechal la,
se ti Jan ki pou fè yo vin reyalite. Ti Jan se
Moyiz li ye pou fanmi li. Se li ki pou wete yo
anba grif inyorans ak malsite. Alòs se pa ti Jan
non, se Marechal la ki louvri pòt delivrans lan.
Ti Jan rantre ladan li, epi li kite li gran louvri
pou lòt sa ki vle antre yo.

Timoun, karaktè yon moun se tankou yon
leman. Moun nou pa ta panse pran pou ti Jan
pou fè li rete nan djòb la. Se te travay papa
Bondje. Li sèlman te sèvi ak anplwaye sila a pou
louvri pòt la pou ti Jan. Se pa de moun ki te
mete ansanm pou bòykote ti Jan. Chèf sèvis,
sipèvizè, menm kòlèg ti Jan yo te sèvi kòm
espyon pou fè konplo kont li. Peryòd nou ap
pale la a, se te yon peryòd tranzisyon politik nan
peyi d Ayiti. Anpil jwèt politik te ap jwe tou.

Men, Bondje te toujou avèk ti Jan. Kòm ti Jan pa te konnen anyen nan politik, Bondje te pwoteje li. Tout inosan se sou kont papa Bondje yo ye.

Direksyon an te menm eseye chanje orè travay ti Jan. Se te yon fason pou li te ka pa ale lekòl ankò osnon pou li te kite travay la.

Yon madanm ki te sipèvizè, ki genyen pitit prèske nan laj ti Jan, te ede li. Madanm sila a te pran gwo risk. Li dwe pwoteje djòb pa li a, epi li te genyen tout yon fanmi sou kont li. Nou konnen jan zafè travay difisil nan peyi nou an, sitou lè gen jwèt politik ladan li. Tout konplo ak move lide kont ti Jan te tonbe nan dlo. Li ale lekòl lè li kapab, depi li pa anpeche li ale travay. Ti Jan goumen pou kenbe travay la ansanm ak lekòl la. Pandan dezan, yo fè ti Jan travay kòm anplwaye tanporè. Yo anplwaye lòt moun a plen tan sou li. Yo pa te vle pou li te benefisye yon seri avantaj konpayi an te ofri.

Se sistèm peyi nou an, pa sezi. Ki sa moun sa yo tire kòm pwofi nan abi yo te fè ti Jan? Jodi a, tout moun sa yo vivan toujou, yo ap goumen ak lavi a menm jan ak ti Jan ak anpil lòt. Ti Jan genyen chans viv nan lapè ak tèt poze. Nou ap mande si moun sa yo pa regrèt lè yo repase konsyans yo. Ti Jan swete sa sèvi egzanp pou chèf sèvis ak sipèvizè pòs travay jounen jodi a. Li pa kenbe moun sa yo nan kè nonplis, se sa ki fè li ka di sa jodi a ak mo ki pa montre okenn rankin ladan. Li swete yo chanje eta kè yo sèlman, paske ti Jan pa dènye jenn moun ki monte kalvè sa a nan peyi a. Pa panse pa gen moun ki ap monte menm kalvè ti Jan te monte a kounye a nan peyi d Ayiti.

Ti Jan te apral kenbe djòb sa a pou douzan san bri san kont. Li pa te janm fanatik okenn fòm gouvènman. Yo vini, yo ale, sa pa gade li. Sitou nan epòk la, se chak senmenn peyi d Ayiti te chanje gouvènman. Se malè pa yon moun si djòb li te mare ak moun ki sou pouvwa a. Ti Jan pa janm te asosye ak pyès otorite militè osnon politik. Anpil anplwaye, pou kenbe djòb yo, te toujou ap chache byen ak chèf, esepte ti Jan. Yo vini, yo ale, sa pa gade ti Jan. Li se sitwayen peyi a, li genyen dwa pou li travay, li ap travay. Avèk sa, li sipòte edikasyon tout ti frè ak ti sè li yo andeyò ak Pòtoprens. Li bay do Mimi ak Blan yon ti repo.

Ti Jan te ale lekòl pou li aprann li ak ekri; men, li te mete tèt li nan lekòl metye tou. Li te vle pou li te ka itilize men li ak sèvèl li pou li chache lavi. Li te antre nan lekòl pwofesyonèl Sent Trinite. Li sòti ak yon diplòm nan metye elektrisite. Li pase twazan ap etidye pou li te pran diplòm sa a. Li te renmen metye mekanik otomobil tou. Li panse si yon moun ka konprann ki jan yon machin fonksyonen, pa gen anyen li pa ap konprann nan lavi. Apre sa, li tounen ale etidye pou yon lòt twazan, pou li te ka pran yon lòt diplòm nan metye mekanik. Li te pwofite lè sa a pou li te tou aprann ebenis; men, li pa te gentan fini li. Metye sa yo louvri anpil pòt pou ti Jan. Li pa janm regrèt sakrifis li te fè yo. Jounen jodi a, se konbinezon konesans ki nan tèt ti Jan yo ki pèmèt li ka okipe fanmi li. Ti Jan ede anpil lòt moun, sitou timoun nan zafè edikasyon. Si nou ta bezwen pran kichòy nou wè nan men ti Jan, pale li de lekòl.

Lè ti Jan te fin fè filo, li te deja ap travay nan konpayi telefòn nan, plis li te sou wout pou li genyen yon lo diplòm anba bra li. Pou lasosyete, li te antre nan Lekòl Dwa pou li te ka vin yon mèt avoka, yon lòt metye li te renmen.

Pou ti Jan te reyalize bagay sa yo, li te fè anpil sakrifis. Li ale travay lannuit, li ale lekòl lajounen pandan de fwa. Koute ki jan jounen li te konn pase: li ale lekòl nan Sent Trinite a setè nan maten. Li fini ak klas sa a dizè. Li kòmanse yon lòt klas a dizè ki fini a inè apremidi. Li antre lakay li, ki te sou ri Pikan dèyè do sine Triyonf pou li ka manje ak dòmi pou dezèdtan. A katrè, li kòmanse nan Lekòl Dwa pou jouk uitè nan aswè. Apre sa, li ale travay a dizè diswa jiska sizè dimaten.

Ak travay sa a, non sèlman ti Jan te okipe tèt li; men, li te bay Blan ak Mimi yon bon kout men ak lòt timoun ki te pi piti yo. Byen bonè, li pran responsablite peye lekòl pou tout timoun yo. Chak fwa youn fè sètifika, li fè li antre Pòtoprens pou kontinye lekòl. Fòk ti Jan peye lekòl, bay manje, bay bwè ak abiye yo tou. Kiki ak Sis, kou yo rive nan twazyèm, ti Jan te fè yo antre nan lekòl pwofesyonèl Sent Trinite pou yo te aprann metye tou. Yo tou de te antre nan mekanik otomobil. Pandan yon tan, ti Jan te elèv an menm tan li te pwofesè mekanik nan lekòl la.

Ti frè ak ti sè ti Jan yo fè gwo pwogrè nan lavi yo. Yo tout ale lekòl, epi yo tout aprann kichòy pou ede tèt yo. Se pitit Marechal la yo ye, se nòmal. Yo tout te ap viv Pòtoprens yon epòk. Kounye a, timoun Marechal Mimi yo toupatou ap chache lavi.

Blan se nèg ki te kòmanse fimen tabak ak bwè tafya depi li te gen kenzan. Yon vè kleren ak yon moso tabak se kle zanmitay peyizan. Anpil moun fè li tounen vis nan bwè san kontwòl. Genyen lòt, se nan mande moun yon nway osnon yon kout kleren yo pèdi respè yo. Blan pa te youn ladan yo. Li te bwè; men, li te respekte vè a. Sa pa te anpeche se yon maladi lestomak ki te apral touye li. Dapre ti Jan ak rès fanmi an, se tafya ak tabak ki te ba li maladi sa a.

Ti Jan menm jan ak manman li te kwè nan lekòl. Blan li-menm, li te ap plis kontan wè ti Jan ap achte tè avèk bèf. Li pa te renmen lide pou lajan te ap depanse nan edikasyon san gade dèyè. Li mouri kite Mimi ak timoun yo pou yo degaje yo. Malgre tout sa, Blan se te yon bon papa. Li te genyen cham pa li. Souvni ti Jan genyen ak papa li pa ap janm efase nan mwèl tèt li. Se te yon nèg ki te renmen fanmi li ak lavi. Li viv chak jou tankou se te dènye jou nan lavi li. Blan te ap fè kèlkilanswa sakrifis la pou respè ak onè fanmi li. Se vre Blan te konn fè move mès; men, se sèl Marechal la ak ti Jan ki te konnen sa. Fòk yon moun te fen pou te konprann Blan. Pa gen yon moun ki ka sonje yon jou yo te tande Marechal Mimi ak Blan te ap joure. Move zèb konsa pa te pouse nan jaden yo. Pa gen moun ki pa genyen defo. Edikasyon se te youn nan pi gwo feblès Blan. Ki moun ki te konnen sa? Se te biznis pa li ak fanmi li. Dayè, Blan pa te ale lekòl pou twò lontan. Li te ka ekri non li ak nimewo bòlèt malman. Konesans li nan silabè a pa te ase pou li te wè ofisye leta sivil la te ap chanje non li nan batistè ti Jan. Apre lanmò li, ti Jan vin papa pou tout bon, li vin responsab tout fanmi an. Anpil ladan yo te gentan majè tou.

Ti Jan se yon moun ki toujou kontan. Pou tout sa Bondje fè pou ti Jan, li pa ap janm bouke di li mèsi. Li pa engra, ni li pa gen anbisyon. Si li ta genyen chans pou refè lavi li, se sèten li pa te ap boukante li pou anyen. Li renmen wè pwogrè sitou lè timoun ka benefisye.

Tout frè ak sè ti Jan yo toujou kontan tou. Tout fanmi ti Jan kontan. Tout zanmi li yo kontan. Tout moun ki konnen li kontan. Marechal la menm, se pa kontan li kontan ankò. Menm timoun ak granmoun ki ap li liv istwa Marechal la ak ti Jan an ta dwe kontan. Poukisa pou ti Jan li-menm pa ta kontan pi plis toujou? E nou-menm, ki sa nou ap fè pou fè fanmi nou, frè nou, sè nou ak zanmi nou yo kontan? Si nou ta fè moun bò kote nou yo kontan, si nou ta grandi pou nou vin bon sitwayen ki ap devlope sosyete a, louvri je lòt timoun pou yo pa fè sa ki pa sa; nou pa panse ti Jan ap kontan? Tout moun te ap kontan. Nou tout ka vin paran responsab demen menm jan ak Marechal la.

Ti Jan espere "**Chapo ba pou Marechal Mimi ak ti Jan**" te enterese nou. Li swete istwa sa a ka ede nou gade devan nan lavi nou. Li montre nou kèlkilanswa kote nou soti, timoun lavil, timoun andeyò, timoun nan mòn, nou ka vin bon sitwayen. Kit manman ak papa nou konn li, kit yo pa konn li tankou Marechal Mimi, nou ka vin bon sitwayen tou. Nou ka tounen moun tout bon si nou fè jèfò ak bon desizyon nan lavi nou tankou ti Jan te fè. Respekte granmoun, ale lekòl, etidye, rete lwen pwoblèm pou nou ka itil peyi nou.

Ti Jan renmen manman li anpil. Li pa ap janm ka fin di li mèsi pou tout sa li fè pou li ka vin moun li ye a. Manman ti Jan te aji tankou lapolis nan korije move mès pou li pa te pèdi batay la.

Ti Jan ta renmen konnen ki sa liv sa a ap chanje nan timoun nou ye a, nan pwofesè nou ye a, nan paran nou ye a, nan moun ki abite bò lari a ki bay timoun lekòl yon gode dlo osnon yon moso kann?

Ki jan istwa sa a kapab kontinye ankouraje matant, tonton ki bay timoun andeyò yon ti kote pou yo dòmi lakay yo lavil? E nou-menm, chèf sèvis, ki jan istwa sa a kapab ede nou trete anplwaye nou yo egalego pou nou pa genyen remò konsyans?

Jodi a tankou toutan, tout granmoun ak timoun respekte ti Jan. E nou-menm timoun jounen jodi a, sa nou ap tann pou nou kòmanse fè bèl bagay nan lavi nou?

An nou ale... Sou wout nou, si nou kontre ak Marechal la, pa bliye wete chapo nou pou nou di li: Chapo ba pou ou Marechal Mimi.

Ti Jan di li mèsi pou tout sakrifis li te fè yo. Li di li mèsi pou so li te pran sou kripyon dèyè li anba mòn madan Milon an. Mèsi pou kantite fwa li leve anvan lè, minwi, inè dimaten pou li fè manje lekòl. Mèsi pou baton li te ba li a lè madmwazèl la te di *Au revoir* a. Se sèl Marechal Mimi ak ti Jan ki konnen ki kote fanmi sa a soti pou yo rive kote yo ye jounen jodi a. Se pa paske yo rich non; men, se paske yo fè anpil pwogrè, yo reyisi. Li gen dwa pa gwo; men se yon premye pa. Sonje ki sa nou te di pwogrè ak reyisi ye nan kòmansman liv la.

Mèsi Marechal Mimi. Pa gen yon lòt manman tankou ou. Pa bliye pou nou di paran nou mèsi ak fyète menm jan ak:

# Ti Jan, moun Lavale